차로 만드는 카페 음료

알수록
마실수록
만들수록

빠져드는 차음료의 세계

저자 소개

가타쿠라 야스히로

바텐더로 일하면서 QSC(Quality, Service, Cleanliness), 대면 서비스, 다양한 칵테일에 관한 지식과 메뉴 구성, 맛의 균형을 잡는 법 그리고 TPO(Time, Place, Occasion)의 중요성 등을 배웠다. 이러한 경험을 카페 시장에 접목하였고, 독자적인 에스프레소 추출 기술을 개발해 널리 퍼뜨렸다. 호텔, 레스토랑, 카페, 제과 및 제빵소의 고문 바리스타, 조리사와 제과 전문인을 양성하는 학교의 특별 강사 등으로 활동하고 있다. 대만, 상해, 난징, 북경, 천진, 선전, 광저우, 샤먼, 항저우 등에서도 강의했다. 현재 레스토랑 컨설팅 및 점포 창업과 리뉴얼, 스태프 교육, 음료 케이터링, 영업대행, 상품개발 등의 활동을 꾸준히 하고 있다.
이 책 외의 저서로는 <타피오카 밀크티 프루트티 드링크(가타쿠라 야스히로, 다나카 미나코 공저, 아사히야 출판)>이 있다.
http://www.espresso-manager.com

다나카 미나코

요리연구가, 카페 디렉터. 딘 앤 델루카(DEAN & DELUCA) 카페 매니저, 음료 개발자 등으로 일을 하였고, 독립 후 카페 & 레스토랑 오너 셰프와 바리스타를 거쳤다. 현재 카페를 위한 상품 개발과 컨설팅, 푸드 코디네이터 등으로 활동하며 케이터링 업체도 운영 중이다.
이 책 외의 저서로는 <케이터링 기분의 BOX FOOD(분카출판국)>가 있다.
http://life-kitasando.com

향음가(香飮家)

향은 오감(五感) 중에서 가장 기억에 오래 남으며 감정을 불러일으키는 힘을 가진다. 향음가는 인간의 무의식 속에 자리잡고 있는 감각에 거부감을 일으키지 않는, 기분 좋은 환경을 만들고자 하는 모임으로 가타쿠라 야스히로, 다나카 미나코, 후지오카 히비키의 세 사람으로 결성되어 있다. 맛있는 식사와 디저트에 빠질 수 없는 것이 바로 음료이다. 식사에서 음료까지 모든 것에 균형이 맞으면 이를 자연스럽게 즐기게 되고, 기억에도 깊이 남는다.
www.kouinka.com
instagram@kouinka_softdrinksartist

독창적인 음료 메뉴를 만드는 120가지 방법

CAFE TEA DRINKS

향음가 지음 | 백현숙 옮김

pan'n'pen

요즘에는 차를 베이스로 활용하여 만드는 음료를 다양한 가게에서 마실 수 있게 되었습니다. 여러 종류의 음료 중에서도 '차음료'는 여전히, 계속 발전하고 있습니다. 그만큼 진화의 가능성을 내포하고 있는 음료라고 할 수 있습니다.

일본에서 차는 누구라도 간단하게 우려 마실 수 있기 때문에 밖에서 돈을 지불하고 마시는 것에 가치를 두지 않았습니다. 하지만 페트병에 든 차의 보급을 시작으로 가정에서 차를 우려 마시는 사람이 줄어들고, 대신에 차를 구입하는 인구가 늘어났습니다.

차의 성분은 지금 같은 스트레스 사회에서는 치유로도 이어집니다. 차의 향을 맡으며 카페인을 섭취하면 긴장을 풀 수 있습니다. 또한 차의 여러 가지 성분이 건강에 도움을 주며, 맛도 좋을 뿐만 아니라 현대 사회를 극복하기 위해 필요한 영양적인 면에서도 주목을 받고 있습니다.

최근에는 커피나 알코올이 함유된 술 같은 음료를 마시지 못하는 젊은 세대가 늘고 있습니다. 커피의 강한 쓴맛을 좋아하지 않는 사람을 위해, 차로 만드는 음료가 커피를 대신할 새로운 음료로써 존재감을 키워가고 있습니다. 게다가 차를 사용하여 만드는 디저트 음료는 비주얼도 매력적입니다. 식사에 술을 곁들이는 환경이나 관습이 조금씩 사라져 가고 있는 현대 사회에서 술 대신 식사와 어울리는 차음료를 마실 날도 멀지 않은 것 같습니다. 커피나 알코올을 대신할 새로운 장르로써 차음료가 가진 매력을 여러분들이 알아주었으면 하는 바람입니다.

이 책은 차음료의 발상과 구성을 다양한 각도에서 설명하고 있습니다. [밀크티], [과일차], [스위츠(디저트) 티], [기타 차음료], [알코올 티]등 다양하게 변하는 음료 메뉴의 레시피와 차음료의 구성 요소에 대한 설명, 차음료를 어떻게 발상하고 구성할 것인지에 대한 논리, 그리고 이와 관련된 여러 가지 지식을 책에 실었습니다. 또, 음료를 판매하는 가게만의 독창성을 높이기 위해 필요한 시럽과 소스, 토핑을 만드는 방법까지 초보자는 물론 전문가도 폭넓게 활용할 수 있는 내용을 담았습니다. 무엇보다 차음료를 판매하는 가게 개업을 목표로 하고 있다면 이 책을 꼭 읽어 보시기 바랍니다.

차음료를 구성하고 있는 각각의 소재를 이해하고, 이를 응용하는 발상법과 구성법을 알면 항상 마시는 차일지라도 더욱 맛있고 새롭게 만들 수 있습니다. 가정에서는 차를 즐기는 생활의 즐거움으로, 업장에서는 일의 아이디어를 얻는 힌트로, 이 책을 통해 차음료의 훌륭함을 느낄 수 있으면 좋겠습니다.

향음가 香飮家 　｜　가타쿠라 야스히로
　　　　　　　　다나카 미나코

Contents

1
차음료의
발상법과 기본

2

Milk Tea
밀크티

Contents

5
Others
기타 차음료

6
Alcohol & Tea
알코올 티

이 책을 사용하는 방법

이 책은 아래의 3가지 구성으로 크게 나눌 수 있습니다. 어떤 부분부터 읽어 보아도 상관 없지만 ①부터 읽으면 차음료 만들기의 기본부터 시작해 구체적인 레시피로 내용이 진행되므로 차음료에 대한 이해가 쉬워집니다.

표기에 대해서

• 음료가 [ICE] [HOT] 중 어느 쪽에 적합한지를 표시. 양쪽 모두 적합한 경우에는 모두 표시했다.

• 음료를 구성하는 주요 재료
• 음료 이름

• 재료는 음료 한 잔을 완성하는 분량이다. 모두 그램(g)으로 표기했다. 보충 설명할 부분이 있는 경우 [*]가 붙어있다.

HYBRID
[마시다]+[먹다]의 요소를 모두 가진 하이브리드 음료라는 표시이다.

[MEMO]
토막 상식이나 유의사항 등을 적어 놓았다.

• 음료의 특징과 설명

• 제공 스타일이 ICE, HOT 양쪽 모두 가능할 경우는 함께 [HOT 음료의 경우] [ICE 음료의 경우]로 추가 레시피를 표기했다.

Chapter

1

차 음 료 의
발상법과 기본

이번 장에서는 차음료를 이해하기 위해 필요한 지식과 차음료 메뉴의 발상법을
소개합니다. 차음료를 구성하는 요소는 무엇이며 어떻게 발상하여 어떤 방법
으로 구성할까, 주요 구성 요소인 [베이스가 되는 차] [과일, 우유 등의 섞는 재
료] [단맛과 색을 입히는 소스와 시럽] [악센트가 되는 토핑] 등 각각의 역할과
종류를 소개하고, 향·맛·식감의 균형을 잡는 방법, 화려하게 연출하는 테크닉,
필요한 도구와 기계 등을 다루고 있습니다. 이렇게 한 걸음씩 깊이 들어가 내용
을 알게 되면 차의 응용 범위와 활용 음료 창조의 가능성이 매우 넓어집니다.

차음료란 무엇이며, 트렌드는 어떨까?

현재 세계 각국에서 차음료가 굉장히 유행하고 있습니다. 정통적으로 차를 우리는 일반적인 방법이 있지만 최근에는 차에 여러 가지 식재료를 조합한 새로운 스타일의 음료가 생겨나고 있습니다.

🌱 차음료의 유행을 이끄는 대만과 중국

대만에서 차를 내는 방법은 다인(茶人)이 정성껏 추출하는 것으로, 이 방법은 10여 년 전까지는 일반적인 방식이었습니다. 그러나 현재의 젊은 세대는 그런 방식이 낡았다고 생각하기에 더이상 받아들이지 않는 경향입니다. 가게 안에서 마시던 방식에서 테이크 아웃, 이른바 '걸으면서 마시는' 방식이 유행하는 등 여러 요인이 겹쳐 차음료는 타피오카 밀크티나 과일 차 등 비주얼이 좋은 단맛 음료로 진화해 확실하게 음료 시장에 침투하고 있습니다.

중국에서는 어느 가게가 새로운 음료를 출시해 유행하면 다른 가게도 모두 같은 음료를 판매합니다. 그래서 새로운 메뉴의 사이클이 빨라져 유행을 만들기 쉬운 반면, 신제품을 계속해서 개발하지 않으면 가게가 망해버리고 맙니다.

중국에서 특히 인기 있는 차음료 가게는 무첨가를 표방하고 있는 곳으로 차, 과일, 시럽, 토핑으로 구성하여 자연스러운 단맛이 나는 아주 마시기 쉬운 음료를 판매합니다. 대만에서는 심플한 메뉴를 고집하는 가게의 개성을 요란하게 알리기 보다는, 팔고 싶은 것을 확실하게 정하고 묵묵히 판매하는 가게가 많은 편이며 인기도 얻고 있습니다. 최근 대만에는 타피오카 밀크티나 흑당 타피오카 밀크티뿐 아니라 특정한 종류의 차만으로 음료를 만드는 가게도 생기고 있습니다.

🌱 전 세계로 퍼지는 차음료 유행

미국에서는 차음료를 주로 다루는 가게보다는 과일 주스 가게에서 차음료를 취급하는 경향이 있습니다. 미국 차 시장의 약 80%는 아이스 티로 예전에는 거의 대부분이 과일 향료나 단맛을 입힌 플레이버 티였습니다. 최근에는 생과일을 사용한 수제 아이스 티, 생과일을 베이스로 한 차음료도 인기입니다.

대만, 중국, 미국은 과일이 싸기 때문에 차음료에 과일을 호화롭게 넣는 경향이 있습니다. 이런 음료들은 비주얼과 맛이 좋고 가격도 저렴하여 구매로 이어집니다.

호주나 유럽의 차이나타운과 그 주변에도 차음료 가게가 계속해서 문을 열고 있습니

1 대만에서는 에스프레소 기계로 커피를 내리는 것처럼 급속으로 차를 우려내는 가게가 인기를 끌고 있다.

2 중국의 음료 가게에는 과일의 종류가 많다. 보이는 곳에 과일을 배치해 구매욕을 자극한다.

3 무첨가를 표방하는 차음료 가게에서. 과일을 듬뿍 넣은 자연스러운 맛이 호평을 받고 있다.

4,5 중국 선전(深圳, 심천)에서는 마시면서 동시에 먹는 '하이브 리드' 음료가 인기이다. 재빨 리 제공할 수 있도록 재료가 미리 준비되어 있다.

6 캘리포니아의 인기 있는 망고 네이드 가게의 말차 프로즌. 단 맛을 줄여 뒷맛이 깔끔하다.

•P. 10, 11의 사진 제공 : 저자

다. 세계 각국에는 차이나타운이 있으므로 차음료 가게에 필요한 재료 수급은 물론이 며 유통 확보가 쉬운 편입니다. 또한, 차이나타운의 중국인이 가게의 고객이 되므로 입 소문을 타기도 쉽습니다. 그리고 나서 여러 나라의 사람들에게서 인기를 얻으면 한 번에 유행하는 흐름이 생깁니다.

일본에서는 제1차로 찻집 붐(BOOM), 제2차로 시애틀발(發) 커피 붐이 일었습니다. 제3 차로 가게마다 깐깐하게 엄선한 프리미엄 커피 원두와 한 잔 한 잔 정성들여 내리는 본 격적인 드립 방식의 커피 붐이 있었지만, 지금까지 차(茶) 붐은 없었습니다. 그러나 타피 오카 음료 붐 이후 차음료는 일본에서도 이익을 늘려가고 있습니다.

일본은 앞서 말한 중국과는 다르게, 근처 가게의 메뉴가 인기라도 그것을 따라 하는 경 우는 거의 없습니다. 그렇기 때문에 어떤 한 가지 메뉴가 한 번에 유행하는 일은 쉽게 일 어나지 않지만, 한 번 인기를 얻으면 오랫동안 지속되는 경향이 있습니다. 차 도매업자도 지금까지는 차 가게와 주로 거래를 해왔지만 최근에는 차음료를 판매하는 가게에 납품 하는 일이 많아져 지금은 매출의 대부분을 차지하고 있다고 합니다.

🌱 커피보다는 차를 선호하는 젊은이들

커피 붐은 미각이 성숙한 어른이 기호식품으로 차보다 커피를 많이 마시게 되면서 생겨 났습니다. 당연히 집에서 차를 우려 마시는 일이 점점 줄어든 것도 커피 붐 원인의 하나 였습니다. 그러나 지금 젊은 세대의 미각은 다양하게 성장하기 어려운 환경에 놓여 있 었습니다. 싫어하는 식재료는 먹지 않아도 괜찮은 사회 분위기에서, 어릴 때부터 좋아했 던 것만 먹느라 미각이 폭넓게 성장하지 않은 채 그대로 머무는 경우가 많기 때문입니 다. 예전에는 싫어하는 식재료일지라도 먹지 않으면 어른에게 야단을 맞던 시대였습니 다. 또, 예전의 아이들은 어른을 동경해, 어른이 먹는 것이라면 맛있지 않아도 먹음으로 써 자신이 어른스러워진다고 느꼈습니다. 이렇게 어른 흉내를 내고 싶은 생각에 따라 먹 기를 반복하여 자신도 모르는 사이에 어른다운 미각을 가질 수 있었습니다. 그러나 현 재의 젊은 세대는 어른을 동경하지 않기 때문에 이런 일도 일어나지 않는 것 같습니다. 쓴맛이나 신맛은 뇌가 독이라고 판단해버려, 어른의 미각을 갖지 않는 한 맛있다고 느 껴지지 않습니다. 따라서 젊은 세대에게 쓴맛이 나고 산미가 있는 커피는 꺼리는 음료가 되었습니다.

한편, 차음료는 쓴맛을 느끼기 어렵고, 익숙한 맛도 나며, 과일과 잘 어울리고 색감도 선 명합니다. SNS에 기분 좋게 공유할 수 있는 점도 세계적으로 유행하는 이유입니다.

중국에서는 1990년대 이후에 태어난 젊은 세대가 차음료의 주요 소비층으로 전체의 약 50%를 차지하고 있습니다. 차음료는 이제 커피의 2배 가까운 시장규모에 육박할 기세 입니다. 앞으로 더욱 더 활성화되어 붐으로 끝나지 않고 정착해가는 분야로 주목받고 있습니다.

차음료의 구성에 대해서

차음료는 ①베이스(바탕)이 되는 [차], ②차와 잘 어울리는 과일, 우유 등의 [섞는 재료], ③단맛과 색을 입히는 [소스, 시럽], ④식감과 장식의 화려함을 더해 '악센트'가 되는 [토핑]의 4가지 요소로 구성됩니다.

우선 차의 향이나 색을 생각해, 그에 맞는 우유나 과일 등의 섞는 재료를 찾습니다. 이 시점에서도 음료를 완성할 수 있지만 마시는 사람이나 사용하는 제철 과일에 따라 ③과④가 필요하게 됩니다.
향이 약하거나 계절에 맞지 않는 과일을 사용하는 경우, 과일의 느낌이 약해지므로 과일로 만든 시럽이나 소스를 더해 과일의 느낌을 잘 살리고, 단맛을 좋아하는 세대를 겨냥해서는 시럽이나 소스로 단맛을 더합니다.

차음료는 단색이라 비주얼이 단조로워지기 쉽습니다. 차의 색에 과일 시럽으로 고운 색을 더하면 색감이 선명한 음료가 완성됩니다. 시럽이나 소스는 당도가 높아 무겁기 때문에 아래로 가라앉으므로 음료에 층을 만들고 싶다면 무거운 액체부터 부으면 깔끔하게 층이 만들어 집니다.
과일로 장식하거나 타피오카 같은 식재료로 식감을 더하면 맛에 변화를 줄 수 있어 양이 많은 음료라도 끝까지 맛있게 마실 수 있습니다.

지금까지는 빨대로 마실 수 있는 크기의 토핑이 주류였지만, 최근 해외에서는 TO GO컵(테이크 아웃용 컵. 자세한 내용은 207쪽 참조)의 뚜껑에 포크나 숟가락이 붙어있는 포장 용기가 나오면서 '마시다+먹다' 라는 두 가지 요소가 합쳐진 '하이브리드(Hybrid 서로 다른 요소가 섞여 합쳐진 것)' 음료가 탄생했습니다.
최신 조리 기술을 활용하고 디저트의 요소를 섞은 음료도 탄생해 토핑이 계속해서 진화하고 있습니다. 각각의 요소를 잘 조합해 구성하면 새로운 음료를 만들어 낼 수 있습니다.

{ 차음료의 주요 구성 요소는 4가지 }

1 차 베이스가 된다

차의 향은 차음료의 베이스가 된다. 녹차, 청차, 홍차, 흑차, 허브티, 플레이버 티 등 다양한 종류가 있으므로 완성품의 이미지로부터 역산(逆算)하여 고른다. 차의 색도 완성 음료에 큰 영향을 준다.

2 섞는 재료 과일, 우유 등

차와 섞어 맛을 돋보이게 하고 다양한 변화를 줄 수 있는 재료. 두 개의 층으로 나눠지는 음료로 연출해 비주얼에 변화를 줄 수 있다. 우유, 과일의 즙 외에 두유나 아몬드 밀크 등도 있다.

3 소스, 시럽 단맛과 색을 입힌다

음료에 과일의 느낌을 더하거나 단맛을 내기 위해 사용한다. 차에 과일 시럽을 넣어 선명한 색감을 연출할 수 있다. 찻잎이나 향신료, 초콜릿을 사용한 것 등 종류와 모양이 다양한데, 직접 만들어 사용하면 가게만의 독창성을 높일 수 있다.

4 토핑 악센트가 된다

음료의 악센트가 되는 존재로 식감이나 맛, 비주얼에 화려함을 더한다. 흔하게 사용하는 타피오카를 시작으로 젤리, 한천 등으로 만든 것 외에도 휘핑크림이나 폼(거품), 페이스트, 에스푸마, 간 얼음(빙수)등도 토핑으로 활용할 수 있다.

차음료의 발상과 구성

완성 음료의 이미지를 상상하고, 그 이미지로부터 역산(逆算)하여 차음료를 구성하는 4가지 요소인 [베이스가 되는 차] [과일, 우유 등의 섞는 재료] [단맛과 색을 입히는 소스·시럽] [악센트가 되는 토핑]을 연상해가면 쉽게 음료를 만들어 낼 수 있습니다.

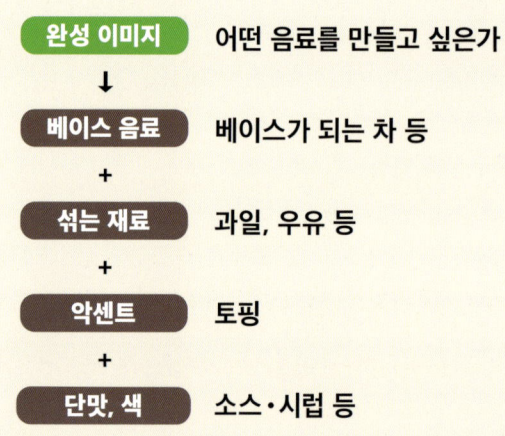

마치 연상게임을 하는 것처럼, 꽃 향이 나는 음료를 만들고 싶다면 재스민차를 사용해볼까 라고 생각하거나, 산뜻한 느낌을 내고 싶다면 레몬이 제격이므로 신맛이나는 식재료를 조합하는 식으로 진행합니다.

단맛은 마지막에 조절할 수 있으므로 음료 전체의 균형을 생각하고 넣습니다. 색은 음료 전체를 섞은 후 마무리 단계에서 다시 조정할 수도 있습니다. 판매하는 모든 음료에 악센트가 있으면 강조하고 싶은 주력 음료 메뉴의 이미지가 오히려 약해집니다. 팔고 싶은 상품, 보여주고 싶은 상품에 집중해서 악센트를 더하는 것이 가게 메뉴 전체의 균형을 맞출 수 있습니다.

{ 발상과 구성 방법의 예 }

EX. 1

흑당 타피오카 밀크티

>P.74

완성 이미지

타피오카 밀크티와 잘 어울리는 토핑을 넣은 음료

↓

베이스 음료   대만차[동정우롱차]

↓

섞는 재료   우유

↓

악센트   타피오카, 치즈 폼

타피오카는 흑당을 넣고 섞어서 반죽해 만들기 때문에 흑당과 잘 어울리고, 치즈 폼은 우롱차와 같은 발효식품이라 둘의 궁합이 좋다. 치즈 폼에 흑당을 뿌리고 요리용 가스 토치로 그슬려 캐러멜라이징하면 쌉쌀한 맛이 더해져 전체적으로 단맛이 부드러워진다.

+

단맛, 색

단맛 타피오카의 흑당과 치즈 폼 위의 흑당 캐러멜
색 옅은 갈색(흰색을 띤 갈색, 아주 연한 갈색)

[MEMO] 음료를 구성하는 순서

[완성 이미지]로부터 역산(逆算)하여 필요한 요소를 생각하고, 구성해간다. 흑당 타피오카 밀크티의 경우 우선 [베이스 음료]를 정하고, 그 다음 [섞는 재료] [악센트], 마지막에 [단맛, 색]을 생각했다. 어떤 요소부터 생각할지는 완성 이미지에 따라 달라진다.

{ 발상과 구성방법의 예 }

EX. 2
서양배 시트러스 재스민
> P.107

완성 이미지

겨울 과일로 향기롭고 맛이 좋은 서양배에 꽃 향을 조합한다. 진한 맛의 식사가 주를 이루는 겨울에 산뜻하게 마실 수 있도록 산미를 더한 음료.

↓

섞는 재료   서양배 소스

↓

베이스 음료   플레이버 티 [재스민차]
서양배의 향에 뒤지지 않는 꽃 향

↓

단맛, 색   단맛 서양배 소스의 단맛
색 담황색

↓

악센트

에스푸마, 레몬 폼, 레몬 필
겨울 제철 과일을 사용한 계절 메뉴. 레몬의 신맛과 비주얼이 좋은 에스푸마를 활용. 레몬 폼을 사용해 산뜻한 맛이 나도록 완성하고, 레몬 필로 장식해 향을 돋운다.

EX. 3
오렌지 눈꽃빙수 얼그레이
> P.148

완성 이미지

한여름에 인기 있는 눈꽃빙수를 응용한 차음료.

↓

단맛, 색

단맛 오렌지 눈꽃빙수에 단맛을 입혀 산뜻한 단맛
색 여름의 색인 오렌지

↓

섞는 재료   오렌지 과즙으로 만든 눈꽃빙수

↓

악센트   눈꽃빙수

빙수의 보송보송한 식감을 즐길 수 있다.

↓

베이스 음료   플레이버 티 [얼그레이]

오렌지와 잘 어울리는 같은 색 계열의 얼그레이를 선택.

{ 발상과 구성방법의 예 }

EX. 4	EX. 5

소금 얼그레이 카페 라떼

> P.182

티 스타일 블러디 메리

> P.202

완성 이미지

커피에 얼그레이의 향을 더한 음료로 커피 전문점에서도 제공할 수 있는 메뉴.

↓

베이스 음료 **플레이버 티 [얼그레이]**

↓

섞는 재료 **우유**

↓

악센트 **에스프레소, 소금 밀크 폼**

쓴맛이 강한 에스프레소와 소금 밀크 폼의 조합. 밀크 폼에 소금을 약간 넣으면 단맛이 살아난다.

↓

단맛, 색

단맛 시럽과 소금 밀크 폼으로 단맛과 향의 균형을 잡는다.
색 갈색. 커피의 색이 진해 완성 음료의 색이 같아지므로 비슷한 색 계열의 홍차로 정리한다.

완성 이미지

정통 칵테일에 홍차를 우려 낸 술을 넣어 만든 차음료.

↓

베이스 음료 **홍차 향 보드카**

보드카에 얼그레이의 향을 우려낸다. 베르가못으로 감귤류의 향을 입힌 홍차 향의 보드카가 완성된다.

↓

섞는 재료 **생 토마토 주스**

↓

단맛, 색 **단맛** 토마토의 단맛
색 붉은색

↓

악센트 **베이컨 빨대, 셀러리 잎, 말린 레몬**

베이컨 빨대는 음료를 빨아 마실 때 사용해도 좋고, 그대로 먹어도 좋으며, 음료에 감칠맛과 짠맛을 취향대로 더할 수 있다. 셀러리 잎으로 청량한 향을 내고 말린 레몬으로 산미를 더한다.

1

차 음료의 구성요소
베이스가 되는 차

차음료 안에서 차의 향은 베이스가 됩니다. 차의 맛은 어디까지나 균형을 잡을 뿐 베이스가 되지는 않습니다. 예를 들어, 코를 막고 레몬을 먹으면 신맛만 나고 레몬이라는 것을 알 수 없는데, 이는 향이 없어 미각으로밖에 느낄 수 없기 때문입니다. 향을 맡으면 레몬이라고 인식할 수 있습니다.

맛은 사는 지역이나 음료를 마시는 환경, 마시는 연령층에 따라 취향이 달라집니다. 무엇보다 맛은 섞는 재료를 넣어 바꿀 수 있습니다. 이런 이유로 차음료는 기본적으로 차의 맛을 베이스로 하지는 않습니다. 향이 중요한 것입니다. 차의 선도(鮮度)도 향을 결정하는 역할을 합니다.

차는 시간이 흐르면 탁해지거나 '크림다운 현상(cream down 차가 식는 과정에서 찻잎에 함유된 카테킨과 카페인이 결정화 되어 탁해 보이는 현상. 차의 농도가 높거나 차를 식히는 속도가 느릴 경우 쉽게 일어난다)'이 일어나므로, 길어도 6시간 내로 소비하는 것이 이상적입니다.

차는 기본적으로 끓인 물에 우린 것을 사용합니다. 우린 차를 얼음이 담긴 용기에 붓고, 섞는 재료와 소스·시럽 등과 조합해 차음료를 만듭니다. 차를 뜨거운 물에 우리는 이유는, 끓인 물은 경도가 일시적으로 낮아져 차의 성분을 쉽게 추출할 수 있고 수돗물 속에 포함된 염소 등의 냄새와 성분을 없애고 살균하기 위해서입니다. 찻물

의 온도가 높을수록 많은 양의 카테킨, 타닌, 카페인을 우려내기 쉬워 떫은맛과 쓴맛이 나는 차가 됩니다.

반대로 콜드 브루티(찬물에 우린 차)의 경우 이런 성분은 쉽게 우러나지 않고, 물의 온도가 낮아도 쉽게 추출되는 아미노산과 글루타민산, 테아닌의 작용으로 단맛과 감칠맛이 나는 차가 됩니다. 콜드 브루티의 경우 카테킨 등의 성분이 적어 뜨거운 물에 우리는 차보다 크림다운 현상이 쉽게 일어나지 않습니다. 찻잎의 발효 정도와 제조 기법 등에 따라 향과 맛, 색이 달라지므로 각각의 특성을 이해하고 베이스가 되는 차를 생각하는 것이 중요합니다.

또, 차에는 좋은 맛 이외에, 건강에 좋은 영향을 주는 성분이 많이 함유되어 있습니다. 차의 떫은맛 성분인 카테킨은 혈중 콜레스테롤과 체지방을 낮추고, 암을 예방하며, 항산화 및 항균 작용 등의 효과가 있다고 합니다. 쓴맛의 성분인 카페인은 각성작용, 피로감이나 졸음방지, 지구력 증가, 이뇨작용 등의 효과가 있고, 감칠맛의 성분인 테아닌은 신경세포보호작용과 긴장을 풀어주는 효과, 비타민C는 피부와 점막의 건강 유지와 항산화 작용, 비타민B2 역시 피부와 점막의 건강 유지 효과가 있다고 합니다. 성분의 효능까지 생각하면 '몸이 맛있다'고 느끼는 차음료를 완성할 수 있습니다.

{ 이 책에서 사용하는 차의 분류 }

녹차 (비발효차)

찻잎을 딴 직후에 산화발효를 최대한 억제하여 발효를 방지한 비발효차. 쓴맛과 떫은맛, 감칠맛 등의 독특한 맛을 즐길 수 있다. 일본에서 마시는 대부분의 차는 녹차로 산뜻하면서 풋풋한 향은 과일과 잘 어울리고, 진한 쓴맛이 나는 것이나 단맛이 나는 것과도 잘 어울린다. 그러나 향이 섬세하기 때문에 향이 강한 것과 섞으면 녹차 특유의 향이 사라져 버린다. 호지차와 현미차는 녹차의 한 종류이지만 향이 강하고 깔끔하기 때문에 향이 강한 것이나 맛이 진한 재료와 조합해도 특성을 잃지 않는다.
◉ **옥로, 호치자, 현미차 등**

청차 (반발효차)

잎을 발효하는 도중에 가열해서 발효를 멈추게 한 것이 반발효차이다. 발효 부분의 갈색과 비발효 부분의 녹색이 섞여 있어 겉모습이 푸르스름하게 보여 청차라고 부른다. 녹차에 가깝게 약 15%로 경발효한 것부터 홍차에 가깝게 약 70%로 발효한 것까지 있고, 발효의 정도와 더불어 중화(重火 센 불), 중화(中火 중간 불), 경화(輕火 약한 불)로 나눠 찻잎을 볶는 불의 세기가 청차를 만드는 요소가 된다.
청차에는 다양한 종류가 있어 발효도가 낮아 약간 초록색을 띤 청향(淸香) 타입부터 발효도가 높아 홍차색에 가까운 숙배(熟焙) 타입 등이 있다. 발효의 정도가 강해질수록 녹색에서 갈색으로 변화한다. 이러한 찻잎의 특성을 알면 색이 선명한 음료를 완성할 수 있다. 과일이나 유제품, 산뜻한 맛을 내는 재료 등과 다양하게 조합할 수 있다.
◉ **동정우롱차, 금훤우롱차, 동방미인차, 사계춘우롱차, 철관음 등**

홍차 (발효차)

발효차는 찻잎을 완전 발효 시킨 것으로, 홍차가 여기에 속한다. 차에 함유되어 있는 산화효소라는 물질의 작용을 이용해 홍차를 만든다. 제조 과정 중에 녹색에서 적갈색으로 변화하며, 향도 그린 계열에서 진한 꽃이나 과일 향으로 변화해간다. 과일이나 향신료와 잘 어울리고 적색에서 갈색 계열까지의 차 색에 맞춰 같은 색의 과일을 사용하면 고운 색의 음료를 완성할 수 있다.
◉ **아삼, 다즐링, 랍상소총, 기문홍차, 영덕홍차 등**

흑차 (후발효차)

제조 과정 중 누룩곰팡이로 수개월 이상 발효한 후발효 제법의 차로 오랜 기간 보관할 수 있다. 만든 지 오래된 차에는 높은 가격이 붙고 빈티지 와인처럼 즐기기도 한다. 산차(散茶 찻잎이 풀어진 상태의 것, 잎차)와 고형차(찻잎을 압축해 굳힌 상태의 것, 덩어리차)의 2종류가 있다. 먼 옛날에는 중국의 깊은 산속에 있는 생산지에서 소비지까지 차를 운반하는데 시간이 1년 정도 걸렸다. 운반하는 동안에 찻잎이 산화해 독특한 맛과 향이 생겼다고 전해진다. 구수하고 산미가 있는 스모키한 향은 흙을 연상시킨다. 단맛이 있는 우유나 초콜릿과 잘 어울린다.
◉ **보이차 등**

플레이버 티

찻잎에 향을 입힌 것. 가장 유명한 얼그레이는 베르가못 향을 입힌 홍차이다. 그 외에 캐러멜이나 바닐라, 초콜릿 등의 향을 입힌 것도 있다. 찻잎에 꽃잎이나 과일 껍질, 말린 과일, 스파이스(향료) 등을 섞은 것도 있는데 그중 유명한 것은 중국 녹차에 재스민 향을 입힌 재스민차가 있다.
◉ **얼그레이, 백도우롱차, 리치우롱차, 재스민 등**

허브티

서양에서 한방(漢方)으로 사용한 것이 시초로, 약용식물을 말려 차로 만든 것의 총칭이다. 다른 차와는 달리 차나무의 잎을 사용하지 않기 때문에 카페인이 없는 차가 많다. 한 가지 허브만 사용하거나 여러 가지 허브를 섞은 것 등 종류가 다양하다. 차의 향으로 아로마테라피 효과도 기대할 수 있다.
◉ **카모마일, 민트, 히비스커스&로즈힙, 버터플라이피 등**

베이스가 되는 차의 종류와 우리는 방법

이 책에서 차음료의 베이스로 사용하는 22종류의 차에 대한 설명과 우리는 방법을 소개합니다. 우려낸 차는 베이스로 쓰는 것은 물론이며 그대로 스트레이트 티로도 즐길 수 있습니다. 여기서는 기본적으로 우리는 방법을 소개하지만, 차는 그 종류 뿐만 아니라 찻잎의 크기나 형태에 따라서도 물의 온도와 우리는 시간이 달라집니다. 익숙해지면 적당하게 차를 우려내는 감각이 생기게 될 것입니다.

차를 우리기 전에 알아 두어야 할 사항

뜨거운 물에 우린다

이 책에서 차는 기본적으로 뜨거운 물에서 우려낸다. 차가운 음료로 만드는 경우에는 우려낸 차에 얼음을 넣고 급랭하는 방법을 쓴다. 뜨거운 물에서 우리는 이유는 물을 끓이면 물의 경도가 일시적으로 낮아져 차의 성분을 쉽게 추출할 수 있고, 수돗물속 염소 등의 냄새와 성분을 없애고 살균하기 위해서이다.

연수(軟水)를 사용한다

차는 기본적으로 연수로 우리는 것을 추천. 경수(硬水)는 적합하지 않다. 수돗물은 대체로 연수에 가깝지만* 자연수는 경수인 경우가 많다. 연수가 좋은 이유는 차의 성분을 쉽게 추출할 수 있고 감칠맛, 떫은맛, 쓴맛이 균형 있게 우러나기 때문이다. 경수를 사용하면 차에서 나온 수산(蓚酸)이 물속의 칼슘과 결합해 차 본래의 성분을 추출하기 어렵기 때문에 적합하지 않다.

물은 방금 받은 것을 사용한다

방금 받은 수돗물은 공기를 머금고 있어 찻잎이 물속에서 활발하게 움직일 수 있게 하고, 찻잎이 잘 움직이면 차의 성분을 쉽게 추출할 수 있게 된다. 레시피에 모두 [방금 받은 물] 이라고 기재했다. 페트병에 들어 있는 물을 사용하는 경우에는 연수로 골라, 페트병을 흔들어 공기를 넣어 사용하는 방법이 있지만 추천하는 방법은 아니다.

뜨거운 물에 대해서

끓인 물을 그릇에 부으면 약 95℃로 온도가 내려가므로, 95℃의 높은 온도에서 우려내는 경우에는 끓인 물을 차가 담긴 용기에 그대로 붓는다. 뜨거운 물을 알맞은 온도로 맞춰 사용하기 위해서 온도 조절이 가능한 대용량 전기 열탕기(핫 워터 디스펜서) 등을 구입하거나 조리용 온도계를 사용한다. 소량일 경우에는 온도 조절 기능이 있는 전기 주전자를 사용해도 좋다.

보관과 소비에 대해서

우려낸 차를 뜨겁게 보관하는 경우에는 뜨거운 음료는 그대로 제공하고, 차가운 음료는 주문을 받을 때마다 얼음을 넣은 용기에 붓거나 셰이커에 얼음과 차를 넣고 흔들어 섞는 방법으로 급랭해 제공한다.
차갑게 보관하는 경우에 차가운 음료는 얼음을 넣은 용기에 그대로 부어 제공하고, 뜨거운 음료는 스팀 머신으로 따뜻하게 데워서 제공한다. 계절이나 상황에 따라 다르지만 미리 만들어 둔 차는 6시간 이내에 소비하는 것이 이상적이다.

---

* 물의 경도는 물 속 탄산칼슘량을 기준으로 하는데 연수(0~10mg/L), 적당한 경수(100~200mg/L) , 경수(200~300mg/L), 고경수(300mg/L 이상)로 분류한다. 수돗물의 평균 경도는 60mg/L이다 .

차를 우리는 방법

• 뜨겁게 우리는 차는 [HOT], 차갑게 우리는 차는 [ICE]로 각각 우리는 방법을 기재.
• 재료는 찻잎이 물을 흡수하는 것을 고려해 완성한 차음료의 양이 약 1kg=약 1L(리터)가 되는 분량으로 설정.
• [ICE]의 재료 중 '물(A)'는 차를 너무 식히면 크림다운 현상이 일어나기 쉬우므로, 이를 방지하기 위해 상온보다 약간 차가운 정도의 온도로 완성하기 위해 넣는 조절용 물이다. 뜨거운 물에 차를 우린 후 넣는 물이므로 연수와 경수 중 어느 쪽을 사용해도 좋다.

[홍차]

[홍차] 아삼

단맛이 강하고 짙은 적갈색을 띠고 있으며 향이 진하다. 퍼스트 플러시(First Flush 봄에 수확한 차)는 아삼 특유의 느낌이 약하고, 세컨드 플러시(Second Flush 6~7월의 여름에 수확한 차)가 아삼 특유의 박력있는 진한 맛이 나므로 밀크티의 베이스로 추천한다.
⊙ 사용 예> P. 127, 151, 153, 155, 156, 159

[홍차] 다즐링

인도 동북부 히말라야 산맥 해발 2,000m가 넘는 고지에서 만들어진다. 퍼스트 플러시, 세컨드 플러시, 오텀널(Autumnal Flush 가을에 수확한 차)의 일 년에 세 번 수확하는 시기에 따라 맛의 차이를 즐길 수 있다.
⊙ 사용 예> P. 79, 97, 98, 99, 100, 129

아삼과 다즐링은 재료의 분량과 우리는 방법이 같음

{HOT}
재료 찻잎 26g, 물(연수) 1050g
우리는 방법
1 방금 받은 물을 끓인다.
2 다기에 분량의 찻잎을 넣고 ①을 힘차게 붓는다.
3 4분간 우린 후 찻잎은 걸러가며 차만 용기에 붓는다.

{ICE}
재료 찻잎 46g, 물(연수, 끓이는 용) 630g, 얼음 315g, 물(A) 105g
우리는 방법
1 방금 받은 물을 끓인다.
2 다기에 분량의 찻잎을 넣고 ①을 힘차게 부어 4분간 우린다.
3 용기에 얼음과 물(A)을 넣고 ②의 찻잎은 걸러가며 차만 부어 섞어 급랭한다.

[대만차]

[대만차] 동방미인차

청차로 분류되는 우롱차의 한 종류인데 발효도가 높아, 맛이 홍차에 가깝다. '부진자'라는 벌레가 찻잎을 갉아먹게 하는 독특한 방법으로 만들어 단맛과 진한 향이 생긴다. 유럽에서도 인기있다.
⊙ 사용 예> P. 101, 105, 115, 118, 132, 185

{HOT}
재료 찻잎 26g, 물(연수) 1050g
우리는 방법
1 방금 받은 물을 끓인 후 식혀 85℃의 뜨거운 물을 준비한다.
2 다기에 분량의 찻잎을 넣고 ①을 붓는다.
3 2분간 우린 후 찻잎은 걸러가며 차만 용기에 붓는다.

{ICE}
재료 찻잎 52g, 물(연수) 630g, 얼음 315g, 물(A) 105g
우리는 방법
1 방금 받은 물을 끓인 후 식혀 85℃의 뜨거운 물을 준비한다.
2 다기에 분량의 찻잎을 넣고 ①을 부어 2분간 우린다.
3 용기에 얼음과 물(A)을 넣고 ②의 찻잎은 걸러가며 차만 부어 섞어 급랭한다.

[대만차]

[대만차] **동정우롱차**

대만 4대 명차 중 하나. 차나무의 잎을 발효하는 도중에 열을 가해 만드는 '청차'이다. 녹차 같은 맛이 나고 오래 발효할수록 화사한 과일향이 늘어난다.

◉ 사용 예> P. 72, 75, 125, 130, 139

[대만차] **금훤우롱차**

대만 자이현(嘉義縣)의 해발 1,500m 아리산향(阿里山鄉)에서 만들어지는 새로운 종류의 우롱차. '향기의 차'라고도 불리며 우유처럼 달콤하고 진한 향에 깔끔한 맛이 난다.

◉ 사용 예> P. 81, 82, 140, 167, 169, 181, 186, 197

[대만차] **사계춘우롱차**

난꽃처럼 달콤한 향과 산뜻하고 투명한 맛, 단맛이 특징이다. 봄, 여름, 가을, 겨울 언제 수확해도 맛있는 차를 만들 수 있기에 붙여진 이름이다.

◉ 사용 예> P. 108

동정우롱차, 금훤우롱차, 사계춘우롱차는 재료의 분량과 우리는 방법이 같음

{HOT}

재료 찻잎 20g, 물(연수) 1250g(이중 200g은 윤차* 용)

우리는 방법

1 방금 받은 물을 끓인 후 식혀 95℃의 뜨거운 물을 준비한다.
2 다기에 분량의 찻잎을 넣고 ①의 윤차용 물 200g을 부어 찻잎을 헹군 후 바로 버린다.
3 남은 ①의 물을 다기에 부어 1분간 우린 후 찻잎은 걸러가며 차만 용기에 붓는다.

{ICE}

재료 찻잎 40g, 물(연수) 830g(이중 200g은 윤차 용), 얼음 315g, 물(A) 105g

우리는 방법

1 방금 받은 물을 끓인 후 식혀 95℃의 뜨거운 물을 준비한다.
2 다기에 분량의 찻잎을 넣고 ①의 윤차용 물 200g을 부어 찻잎을 헹군 후 바로 버린다.
3 남은 ①의 물을 다기에 부어 1분간 우린다.
4 용기에 얼음과 물(A)을 넣고 ③의 찻잎은 걸러가며 차만 부어 섞어 급랭한다.

＊**윤차** 찻잎에 수분이 쉽게 스며들지 않는 청차와 백차에 뜨거운 물을 부어 찻잎을 촉촉하게 적시는 것. 이때 부은 뜨거운 물은 찻잎을 헹구고 바로 버린다.

[MEMO] 대만차는 발효 정도와 찻잎을 볶는 정도에 따라 차를 분류한다.

◉ 잘 발효시켜 충분히 볶은 숙배(熟焙) 타입
동정우롱차, 동방미인차 등. 동방미인차는 80~85℃에서 우려내면 부드럽고 꿀처럼 섬세한 맛과 향이 난다.

◉ 가볍게 발효시켜 부드럽게 볶은 청향(清香) 타입
사계춘우롱차, 금훤우롱차 등. 95~100℃의 높은 온도에서 우려야 향을 끌어낼 수 있다.

[중국 청차] **철관음**

중국 10대 명차인 청차 중 하나. 봄과 겨울에 수확한 잎을 상품(上品)으로 친다. 복숭아처럼 달콤한 향이 나고 떫은 맛이 적어 온화한 맛이 난다. 고발효하는 것이 특징이었으나 최근에는 저발효로 만든 산뜻한 풍미가 주류를 이룬다.

◉ **사용 예> P. 95**

---

* **세차** 발효 기간이 긴 청차와 흑차는 창고 등에서 숙성하므로 먼지나 이물질 등이 붙어 있다. 이를 없애기 위해 뜨거운 물을 첫 번째, 두 번째로 부어 찻잎을 헹구고 바로 버리는 것을 '세차'라고 한다. 공예차(물을 부으면 봉오리가 활짝 피는 꽃차)도 같은 방법의 세차 과정이 필요하다.

{HOT}
재료 찻잎 20g, 물(연수) 1250g(이중 200g은 세차*용)
우리는 방법
1 방금 받은 물을 끓인 후 식혀 95℃의 뜨거운 물을 준비한다.
2 다기에 분량의 찻잎을 넣고 ①의 세차용 물 200g을 두 번에 나누어 부어 찻잎을 헹군 후 바로 버린다.
3 남은 ①의 물을 다기에 부어 1분간 우린 후 찻잎은 걸러가며 차만 용기에 붓는다.

{ICE}
재료 찻잎 40g 물(연수) 830g(이중 200g은 세차용), 얼음 315g, 물(A) 105g
우리는 방법
1 방금 받은 물을 끓인 후 식혀 95℃의 뜨거운 물을 준비한다.
2 다기에 분량의 찻잎을 넣고 ①의 세차용 물 200g을 부어 찻잎을 헹군 후 바로 버린다.
3 남은 ①의 물을 다기에 부어 1분간 우린다.
4 용기에 얼음과 물(A)을 넣고 ③의 찻잎은 걸러가며 차만 부어 섞어 급랭한다.

[중 국 차]

[중국 흑차] **보이차**

중국 흑차라 불리는 후발효 방법의 차를 총칭해 보이차라고 부른다. 흙을 연상시키는 특유의 향이 있고 맛이 깊어 기름진 식사와도 잘 어울린다. 생차와 숙차의 2종류로 나눠지며 맛이 다르다.

◉ **사용 예> P. 162**

{HOT}
재료 찻잎 10g 물(연수) 1250g(이중 200g은 세차용)
우리는 방법
1 방금 받은 물을 끓인 후 식혀 95℃의 뜨거운 물을 준비한다.
2 다기에 분량의 찻잎을 넣고 ①의 세차용 물 200g을 두번에 나누어 부어 찻잎을 헹군 후 바로 버린다.
3 남은 ①의 물을 다기에 부어 5분간 우린 후 찻잎은 걸러가며 차만 용기에 붓는다.

{ICE}
재료 찻잎 20g 물(연수) 830g(이중 200g은 세차용), 얼음 315g, 물(A) 105g
우리는 방법
1 방금 받은 물을 끓인 후 식혀 95℃의 뜨거운 물을 준비한다.
2 다기에 분량의 찻잎을 넣고 ①의 세차용 물 200g을 부어 찻잎을 헹군 후 바로 버린다.
3 남은 ①의 물을 다기에 부어 5분간 우린다.
4 용기에 얼음과 물(A)을 넣고 ③의 찻잎은 걸러가며 차만 부어 섞어 급랭한다.

[MEMO] 생차(生茶)와 숙차(熟茶)의 차이
생차는 자연발효한 것이다. 생산한 지 얼마 되지 않은 찻잎은 녹차에 가깝고, 꽃향이 나는 상태이며 시간이 흐를수록 와인처럼 진하고 말린 과일처럼 달콤한 향으로 변화한다. 숙차는 2개월 가까이 인공적으로 발효한 것이다. 숙성기간은 짧지만 수색(水色)은 밤색에서부터 짙은 갈색까지 나고, 말린 과일처럼 달콤한 향과 진향(陳香)이라 불리는 특유의 향이 난다.

[중국차]

[중국 홍차] 랍상소총(랍상소우총)

중국 푸젠성 우이산(福建省武夷山) 일대에서 생산되는 중국 홍
차. 찻잎을 소나무 장작으로 훈제하여 만들기 때문에 스모키한
향이 나고 소나무 정유가 흡착되어 윤기가 생긴다.
◉ 사용 예> P. 199

[중국 홍차] 기문홍차

세계 3대 명차 중 하나. 스모키한 향과 꽃처럼 우아하고 달콤한
향이 나며 감칠맛 도는 깊은 맛이 특징이다. 중국 전통 제조법으
로 만든 것이 많고 매우 공을 들여 만드는 차이다. 새로 만든 차
보다 반 년에서 1년 정도 지난 것의 향이 더 깊다.
◉ 사용 예> P. 184

[중국 홍차] 영덕홍차

일반적인 영덕홍차는 찻잎이 검고 스모키한 느낌이 강해 밀크티
에 적합하다. 상급품은 이와는 전혀 달라 찻잎이 금색이며 맛이
진하다. 산미와 떫은 맛이 적고 부드러워 입에 닿는 맛과 느낌이
좋아서 스트레이트 티로 마시기에도 적합하다.
◉ 사용 예> P. 171, 173

**랍상소총, 기문홍차, 영덕홍차는
재료의 분량과 우리는 방법이 같음**

{HOT}
재료 찻잎 20g, 물(연수)
1050g
우리는 방법
1 방금 받은 물을 끓인 후 식
혀 95℃의 뜨거운 물을 준비
한다.
2 다기에 분량의 찻잎을 넣고
①을 힘차게 붓는다.
3 1분간 우린 후 찻잎은 걸러
가며 차만 용기에 붓는다.

{ICE}
재료 찻잎 40g, 물(연수)
630g, 얼음 315g, 물(A)
105g
우리는 방법
1 방금 받은 물을 끓인 후 식
혀 95℃의 뜨거운 물을 준비
한다.
2 다기에 분량의 찻잎을 넣고
①을 힘차게 부어 1분간 우
린다.
3 용기에 얼음과 물(A)을 넣고
②의 찻잎은 걸러가며 차만
부어 섞어 급랭한다.

[MEMO] 차 온도와 맛

[쓴맛 : 카페인] 성분은 80℃부터 용출되기 시작하므
로 80℃ 정도의 따뜻한 물에서 차를 우리면 카페인이
많이 용출되지 않아 쓴맛이 적어지고 개운한 떫은 맛
이 난다.

[단맛 : 감칠맛] 성분은 45℃부터 용출되기 시작하는
데 그 중에서도 특히 70~90℃의 온도에서, 주로 테아
닌이라는 아미노산이 쉽게 용출된다.

[떫은 맛 : 카테킨] 성분은 60℃부터 용출되기 시작한
다. 떫은 맛을 진하게 내고 싶으면 80℃의 뜨거운 물에
서 차를 우린다.

[일본차] 옥로

새싹이 자라는 시기에 차광막으로 밭을 덮어 직사광선을 차단하는 복하재배(覆下栽培)라는 방법을 쓰기 때문에 감칠맛 성분인 테아닌이 그대로 남아 단맛과 감칠맛, 향이 모두 진한 것이 특징이다. 최상급의 차를 만들기 위해서는 찻잎 수확은 수작업으로 1년에 한 번 밖에 하지 않는다. 말 그대로 '차의 왕'이다.

◉사용 예> P. 90, 94, 124, 137, 195

[일본차] 호지차

녹차의 한 종류. 전차(煎茶)*나 번차(番茶)*, 줄기차(莖茶)*를 볶은 것으로 독특한 구수함을 즐길 수 있다. 쓴맛이나 떫은 맛은 거의 없고 입에 딱 맞는 깔끔한 맛이 난다.

◉사용 예> P. 77, 163, 168

[일본차] 현미차

현미를 구수하게 볶아 번차나 전차에 넣고 섞은 차. 쌀을 넣어 찻잎의 사용량을 줄여 카페인은 적고 맛은 담백하다. 현미차에 말차를 넣어 섞은 것도 인기 있다.

◉사용 예> P. 78, 165

{HOT}
재료 찻잎 30g, 물(연수) 1050g
우리는 방법
1 방금 받은 물을 끓인 후 식혀 60℃의 뜨거운 물을 준비한다.
2 다기에 분량의 찻잎을 넣고 ①을 가만히 붓는다. 이때 다기를 흔들면 차가 탁해지므로 흔들지 않도록 한다.
3 1분 30초~2분간 우린 후 찻잎은 걸러가며 차만 용기에 붓는다.

{ICE}
재료 찻잎 60g, 물(연수) 630g, 얼음 315g, 물(A) 105g
우리는 방법
1 방금 받은 물을 끓인 후 식혀 60℃의 뜨거운 물을 준비한다.
2 다기에 분량의 찻잎을 넣고 ①을 힘차게 부어 1분 30초~2분간 우린다.
3 용기에 얼음과 물(A)을 넣고 ②의 찻잎은 걸러가며 차만 부어 섞어 급랭한다.

호지차, 현미차는 재료의 분량과 우리는 방법이 같음

{HOT}
재료 찻잎 30g, 물(연수) 1050g
우리는 방법
1 방금 받은 물을 끓인 후 식혀 95℃의 뜨거운 물을 준비한다.
2 다기에 분량의 찻잎을 넣고 ①을 붓는다.
3 30초간 우린 후 찻잎은 걸러가며 차만 용기에 붓는다.

{ICE}
재료 찻잎 40g, 물(연수) 630g, 얼음 315g, 물(A) 105g
우리는 방법
1 방금 받은 물을 끓인 후 식혀 95℃의 뜨거운 물을 준비한다.
2 다기에 분량의 찻잎을 넣고 ①을 힘차게 부어 30초간 우린다.
3 용기에 얼음과 물(A)을 넣고 ②의 찻잎은 걸러가며 차만 부어 섞어 급랭한다.

• 호지차는 높은 온도에서 볶아 카테킨, 카페인이 줄어든다. 높은 온도에서 우려낼수록 향을 더 즐길 수 있다.

* 전차(煎茶 센차) 녹차의 한 종류로 가장 대표적인 일본차. 차의 잎 부분으로 만들어 단맛, 감칠맛, 쓴맛, 떫은 맛의 균형 잡힌 풍미가 특징. 상품(上品)일수록 향기가 좋고 감칠 맛이 난다. 계절이나 산지에 따라 맛이 다르다.
* 번차(番茶 반차) 전차를 만들고 난 후 여름과 가을에 걸쳐 딴 찻잎과 줄기를 사용해 만든 차. 잎이 크고 억세며 전차보다 단맛, 감칠맛, 쓴맛, 떫은 맛이 약해 전체적으로 가볍고 깔끔한 맛이 난다.
* 줄기차(莖茶 구키차) 전차, 옥로 등의 차를 만드는 과정에서 제거한 줄기 부분을 모아 만든 차. 산뜻한 맛과 향이 특징이다.

[일본차]

[플레이버티] 얼그레이

베르가못 정유의 향을 입힌 홍차로 세계적으로 사랑 받는 대표적인 플레이버티이다. 여러 가지 찻잎을 블렌드한 것부터 한 종류의 찻잎만을 고집하여 만드는 상품까지 다양하다. 조합하는 방법에 따라 맛과 향의 강도도 달라진다.
⊙ 사용 예> P. 103, 112, 148, 161, 166, 182, 189, 190, 202

{HOT}
재료 찻잎 26g,
물(연수) 1050g
우리는 방법
1 방금 받은 물을 끓인 후 식혀 95℃의 뜨거운 물을 준비한다.
2 다기에 분량의 찻잎을 넣고 ①을 힘차게 붓는다.
3 4분간 우린 후 찻잎은 걸러가며 차만 용기에 붓는다.

{ICE}
재료 찻잎 46g,
물(연수) 630g, 얼음 315g,
물(A) 105g
우리는 방법
1 방금 받은 물을 끓인 후 식혀 95℃의 뜨거운 물을 준비한다.
2 다기에 분량의 찻잎을 넣고 ①을 힘차게 부어 4분간 우린다.
3 용기에 얼음과 물(A)을 넣고 ②의 찻잎은 걸러가며 차만 부어 섞어 급랭한다.

[플레이버티] 백도우롱차

대만 우롱차에 백도의 향을 입혀 풋풋하고 청아한 맛이 난다. 베이스인 우롱차가 청차이므로 뒷맛은 깔끔하다. 인기가 많은 플레이버티이다.
⊙ 사용 예> P. 89, 91, 110, 157, 201

**백도우롱차, 리치우롱차는
재료의 분량과 우리는 방법이 같음**

{HOT}
재료 찻잎 20g,
물(연수) 1050g
우리는 방법
1 방금 받은 물을 끓인 후 식혀 95℃의 뜨거운 물을 준비한다.
2 다기에 분량의 찻잎을 넣고 ①을 붓는다.
3 1분간 우린 후 찻잎은 걸러가며 차만 용기에 붓는다.

{ICE}
재료 찻잎 40g, 물(연수)
630g, 얼음 315g, 물(A) 105g
우리는 방법
1 방금 받은 물을 끓인 후 식혀 95℃의 뜨거운 물을 준비한다.
2 다기에 분량의 찻잎을 넣고 ①을 부어 1분간 우린다.
3 용기에 얼음과 물(A)을 넣고 ②의 찻잎은 걸러가며 차만 부어 섞어 급랭한다.

[플레이버티] 리치우롱차

대만우롱차에 리치의 향을 입힌 투명한 황금색의 차. 균형 잡힌 부드러운 맛과 풍미가 좋은 플레이버티이다.
⊙사용예> P. 200

[플레이버티] **재스민차**

꽃차를 대표하는 중국차의 한 종류로 찻잎의 베이스는 중국 녹차를 일반적으로 사용하지만, 우롱차나 백차를 베이스로 하는 것도 있다. 베이스 찻잎들에 재스민 꽃잎과 꽃봉오리의 향을 입히거나 섞어 만든다.

⊙ 사용 예> P. 71, 88, 102, 104, 106, 107, 109, 111, 123, 135, 147, 179, 188, 194, 200

{HOT}

재료 찻잎 20g,
물(연수) 1050g

우리는 방법

1 방금 받은 물을 끓인 후 식혀 85℃의 뜨거운 물을 준비한다.
2 다기에 분량의 찻잎을 넣고 ①을 붓는다.
3 1분간 우린 후 찻잎은 걸러가며 차만 용기에 붓는다.

{ICE}

재료 찻잎 40g,
물(연수) 630g, 얼음 315g,
물(A) 105g

우리는 방법

1 방금 받은 물을 끓인 후 식혀 85℃의 뜨거운 물을 준비한다.
2 다기에 분량의 찻잎을 넣고 ①을 부어 1분간 우린다.
3 용기에 얼음과 물(A)을 넣고 ②의 찻잎은 걸러가며 차만 부어 섞어 급랭한다.

[세로] 플레이버티

[허브티] **캐모마일**

약초로도 사용하는 다년초이다. 풋사과를 닮은 과일향과 더불어 상쾌한 향이 난다. 긴장을 풀어주는 효과가 있어 허브티 중에서도 인기가 있다.

⊙ 사용 예> P. 119

{HOT}

재료 캐모마일(꽃차) 20g
물(연수) 1050g

우리는 방법

1 방금 받은 물을 끓인 후 식혀 95℃의 뜨거운 물을 준비한다.
2 다기에 분량의 꽃차를 넣고 ①을 붓는다.
3 3분간 우린 후 꽃차는 걸러가며 차만 용기에 붓는다.

{ICE}

재료 캐모마일(꽃차) 40g
물(연수) 630g, 얼음 315g
물(A) 105g

우리는 방법

1 방금 받은 물을 끓인 후 식혀 95℃의 뜨거운 물을 준비한다.
2 다기에 분량의 꽃차를 넣고 ①을 부어 3분간 우린다.
3 용기에 얼음과 물(A)을 넣고 ②의 꽃차는 걸러가며 차만 부어 섞어 급랭한다.

[세로] 허브티

[허브티] **민트티**

시소(차조기)과의 식물로 페퍼민트, 스피어민트, 애플민트 등 여러 종류가 있다. 항균과 소화를 촉진하는 작용을 하고, 청량감이 기분 좋은 멘톨의 향은 심신을 상쾌하게 하는 효과가 있다. 감귤류와 조합하는 것도 추천한다.

⊙ 사용 예> P. 121

{HOT}

재료 민트(말린 허브) 20g
물(연수) 1050g

우리는 방법

1 방금 받은 물을 끓인 후 식혀 95℃의 뜨거운 물을 준비한다.
2 다기에 분량의 말린 허브를 넣고 ①을 붓는다.
3 3분간 우린 후 말린 허브는 걸러가며 차만 용기에 붓는다.

{ICE}

재료 민트(말린 허브) 40g
물(연수) 630g, 얼음 315g
물(A) 105g

우리는 방법

1 방금 받은 물을 끓인 후 식혀 95℃의 뜨거운 물을 준비한다.
2 다기에 분량의 말린 허브를 넣고 ①을 부어 3분간 우린다.
3 용기에 얼음과 물(A)을 넣고 ②의 말린 허브는 걸러가며 차만 부어 섞어 급랭한다.

[허 브 티]

[허브티] **히비스커스 & 로즈힙**

장미의 열매를 말린 로즈힙은 과일향이 나고 히비스커스와 잘 어울린다. 강한 산미와 아름다운 루비 레드 색이 특징인 차. 단맛을 더하면 부드러운 맛이 난다.

◉ **사용 예▷ P. 122**

{HOT}
재료 히비스커스 & 로즈힙 (꽃차) 20g, 물(연수) 1050g
우리는 방법
1 방금 받은 물을 끓인 후 식혀 95℃의 뜨거운 물을 준비한다.
2 다기에 분량의 꽃차를 넣고 ①을 붓는다.
3 3분간 우린 후 꽃차는 걸러가며 차만 용기에 붓는다.

{ICE}
재료 히비스커스 & 로즈힙 (꽃차) 40g, 물(연수) 630g, 얼음 315g, 물(A) 105g
우리는 방법
1 방금 받은 물을 끓인 후 식혀 95℃의 뜨거운 물을 준비한다.
2 다기에 분량의 꽃차를 넣고 ①을 힘차게 부어 3분간 우린다.
3 용기에 얼음과 물(A)을 넣고 ②의 꽃차는 걸러가며 차만 부어 섞어 급랭한다.

[허브티] **버터플라이피**

태국이 원산지인 콩과 식물로 선명한 푸른색 꽃이 특징이다. 주로 사용하는 것은 말린 꽃잎으로 천연색소가 우러나온다. 레몬즙 등에 들어 있는 구연산이 버터플라이피에 들어 있는 안토시아닌과 화학반응을 일으켜 자주색으로 변한다.

◉ **사용 예▷ P. 83, 93**

{HOT}
재료 버터플라이피(꽃차) 20~30개, 물(연수) 1050g
우리는 방법
1 방금 받은 물을 끓인 후 식혀 95℃의 뜨거운 물을 준비한다.
2 다기에 분량의 꽃차를 넣고 ①을 붓는다.
3 3분간 우린 후 꽃차는 걸러가며 차만 용기에 붓는다.

{ICE}
재료 버터플라이피(꽃차) 20~30개, 물(연수) 630g, 얼음 315g, 물(A) 105g
우리는 방법
1 방금 받은 물을 끓인 후 식혀 95℃의 뜨거운 물을 준비한다.
2 다기에 분량의 꽃차를 넣고 ①을 부어 3분간 우린다.
3 용기에 얼음과 물(A)을 넣고 ②의 꽃차는 걸러가며 차만 부어 섞어 급랭한다.

버터플라이피에 레몬즙을 넣으면 천천히 색이 변해 간다. 완전히 섞으면 마지막에는 연한 자주색이 된다.

[MEMO]
허브티 중 찻잎을 섞지 않은 것은 카테킨이 거의 들어 있지 않으므로 높은 온도의 물에서 우려도 떫은 맛이 날 염려가 없다.

{ 콜드브루(냉침)의 경우 }

기본적인 공정은 모든 차가 같다. 용기에 찻잎을 채워 넣은 티백과 물을 넣고 몇 시간 동안 둔다. 찻잎의 양은 차의 종류에 따라 다르지만 물 1kg(1리터) 당 10~15g이 적당하다.

뜨거운 물에 우리는 경우와 비교하면 떫은 맛이나 쓴맛의 성분인 카테킨, 탄닌, 카페인이 쉽게 우러나지 않는다. 반면 물의 온도가 낮아도 쉽게 추출되는 아미노산과 글루타민산, 테아닌 성분 덕에 단맛과 감칠맛이 나는 차를 만들 수 있다. 또한, 카테킨 등의 성분이 적어 크림다운 현상이 쉽게 일어나지 않는다.

분량(예 1)
⊙ **얼그레이**
찻잎 10g, 물(연수) 1050g

분량(예 2)
⊙ **옥로**
찻잎 20g, 물(연수) 1100g

완성된 차의 양은 두 가지 모두 약 1L

우리는 방법
① 티백에 찻잎을 채워 넣는다.
② 뚜껑이 있는 깨끗한 용기에 찻잎과 물을 넣는다.
③ 뚜껑을 덮어 냉장실에 8~10시간 둔다.
④ 진액이 추출되면 찻잎은 건져낸다.

2 차음료의 구성 요소
과일이나 우유 등 섞는 재료

[섞는 재료]는 베이스 차와 어우러져 맛에 변화를 주고, 베이스 차의 맛을 돋보이게 하거나 부드럽게 합니다. 또, 모든 재료들을 아우르며 복합적인 맛을 내거나, 음료에 층을 형성해 마셔감에 따라 음료 맛에 변화를 주는 역할을 합니다. 섞는 재료를 사용하는 방법에 따라 차 음료가 가게만의 독창적인 메뉴가 될 수 있습니다.

차 향의 강도(强度)는 아주 다양하지만, 미각적으로 맛이 강한 차는 적어, 여러 가지 재료와 섞어도 잘 어울립니다. 향이 강한 재료와 조합하면 차의 향을 느낄 수 없게 되므로 차와 섞는 의미가 없어져 버립니다. 향의 궁합을 맞춰야 베이스 차와 섞는 재료를 순조롭게 조합할 수 있습니다.

● 섞는 재료의 대표 주자 [우유]

밀크티가 세계 각국에서 유행하고 있지만, 사실 차와 우유 조합은 궁합이 좋아 옛날부터 즐겨왔던 전통 있는 음료입니다. 얼그레이는 감귤류인 베르가못의 향과 과피를 첨가했기 때문에 우유와 조합하면 분리될 가능성은 있지만, 맛이 어울리지 않는 것은 아닙니다. 기본적으로 어떤 차라도 우유와 맛의 궁합이 좋은데 특히 쓴맛이 강한 말차나 우바 등은 우유에 들어 있는 유당의 단맛과 아주 잘 어울립니다.

그 외에도 대표적인 대만차인 동방미인차는 사과 향이 나기 때문에 사과는 물론이고, 사과를 사용하는 구움 과자에 들어가는 시나몬 같은 재료와도 잘 어울립니다. 동방미인차의 수색(우린 차의 색)은 황색부터 오렌지 색으로 같은 계열이나 적색 계열의 색이 나는 음료로 완성하면 아름답습니다.

과일이나 우유를 대신하여 섞는 재료로 두유와 아몬드 밀크 등도 사용할 수 있어 이와 잘 어울리는 차를 정확하게 선택하면 매력적인 조합이 됩니다.

● 과일도 섞는 재료로

생과일은 수분이 많고 색이 잘 변하지 않는 것이 다루기 쉽고, 차와 섞는 재료로 사용하기도 수월합니다. 수분량이 많은 과일은 착즙기로 즙을 짜면 낭비 없이 과즙을 만들 수 있습니다.

점성이 있는 과일은 스무디에 적합합니다. 보존 기간이 짧은 과일이라도 냉동 보관하면 스무디로 활용할 수 있습니다. 과일을 어느 정도 잘게 잘라 얼려서 블렌더로 갈면 스무디가 됩니다. 잘라서 냉동한 과일은 시럽 절임으로 만들어도 좋습니다. 단, 감귤류의 과일은 과육이 알갱이 상태이므로 시럽에 절여도 맛이 잘 배지 않는다는 점을 알아두길 바랍니다.

과일을 자를 때는 음료에 그대로 사용할지, 블렌더로 갈아 스무디로 만들지에 따라 크기를 생각하면 손질법을 결정할 수 있습니다.

말린 과일로 활용하는 것도 하나의 방법입니다. 유통기한이 크게 늘어나는 것은 물론이며, 음료의 재료도 되지만, 음료를 장식하는 용으로도 두루 사용할 수 있는 장점이 있습니다.

차에 섞는 재료의 역할

- 베이스가 되는 차와 조합해 맛에 변화를 준다.
- 베이스가 되는 차의 맛을 돋보이게 하거나 부드럽게 한다.
- 모든 재료를 아우르며 복합적인 맛을 내고, 음료를 마셔감에 따라 맛에 변화를 준다.
- 음료에 층을 만들거나 완성 음료에 시각적인 연출을 더할 수 있다.
- 용도에 맞게 잘 사용하면 독창성 높은 음료를 만들 수 있다.

여러 가지 섞는 재료

- 우유, 두유, 코코넛 워터, 에스프레소(커피), 유산균 음료, 아마자케(甘酒 쌀 누룩 음료), 알코올류, 과일 등
- 알코올이 베이스인 차음료의 경우에는, 차가 섞는 재료의 역할을 한다.

사용 예

◉ 우롱 밀크티
> P. 72
섞는 재료 우유
베이스 대만차
[동정우롱차]

◉ 다즐링 소이 밀크티
> P. 79
섞는 재료 두유
베이스 홍차 [다즐링]

◉ 그레이프 동방미인
> P. 105
섞는 재료 씨 없는 포도(적, 청)
베이스 대만차
[동방미인차]

◉ 쾌트로 시트러스 다즐링
> P. 129
섞는 재료 레몬, 라임, 오렌지, 금귤
베이스 홍차 [다즐링]

◉ 파프리카 키위 동방미인
> P. 185
섞는 재료 파프리카 즙
베이스 대만차
[동방미인차]

◉ 재스민 매실주
> P. 194
섞는 재료 매실주
베이스 플레이버티
[재스민차]

과일을 섞는 재료로 사용한 여러 가지 방법

◉ 착즙한다
수분량이 많은 과일은 착즙기로 즙을 짜면 낭비 없이 과즙을 만들 수 있다.

◉ 스무디로 만든다
점성이 있는 과일은 스무디에 적합하다. 잘라서 얼린 다음 블렌더로 간다.

◉ 잘라서 사용한다
그대로 음료에 사용하거나 시럽 절임으로 만들어도 좋다.

◉ 말린 과일로 만든다
유통기한이 크게 늘어나며 손실도 줄일 수 있다. 음료의 재료와장식 용도로 활용할 수 있다.

[MEMO] 있으면 편리한 식품건조기
채소나 과일을 말리는 기계이다. 전자레인지만한 크기부터 훨씬 큰 것까지 다양하다. 베이컨을 빨대 모양으로 말리는 등 과일 이외의 여러 가지 재료에도 응용할 수 있다.

3

차음료의 구성 요소
소스 · 시럽

시럽은 진한 설탕물, 또는 과일즙에 설탕을 더해 만든 '설탕 과일즙'을 말합니다. 소스는 액체 상태 또는 페이스트 상태의 것입니다. 이 책에서는 묽게 흐르는 액체를 시럽, 농도가 있어 약간 걸쭉한 액체를 소스라고 부릅니다. 걸쭉한 소스는 용기 안쪽에 바르는 등 연출 효과가 좋아 음료를 장식하는 요소로도 사용할 수 있습니다(56쪽). 시럽처럼 묽은 액체로는 할 수 없는 방법입니다.

● 소스와 시럽의 역할

소스와 시럽은 음료에 단맛과 감칠맛, 색을 더하는 역할을 합니다. 베이스 차와 섞는 재료만으로는 차음료의 맛이 단조로워지기 쉽고, 섞는 재료가 많으면 차의 맛이 약해집니다. 과일과 음료를 조합하는 경우 과일을 너무 많이 넣으면 음료가 걸쭉해져 마시기 어려워지는 경우도 있습니다. 이런 경우 과일 대신 소스나 시럽을 넣어 쉽게 균형을 잡을 수 있습니다.

시중에 판매하는 시럽 제품을 사용하면 어떤 가게라도 맛이 같아져 버립니다. 물론, 모든 음료에 수제 시럽을 사용하면 손이 많이 가지만, 추천 상품이나 계절 상품에 사용하기에는 효과적입니다. 인기 있는 차음료 가게는 첨가물을 넣지 않은 '무첨가 음료'를 내세우는 곳도 있는데, 그런 가게에서는 시럽도 시판 제품을 사용하지 않습니다. 시판 제품에는 향료나 비타민, 안정제 등 첨가물이 들어 있는 것이 많기 때문입니다.

● 주요 재료와 경향

황설탕, 흑당 등의 시럽은 음료에 단맛을 더하기 위해 사용합니다. 황설탕 시럽은 차음료 가게에서 음료에 단맛을 입힐 때 자주 등장하는 재료입니다. 흑당은 특유의 향이 있기 때문에 흑당과 잘 어울리는 음료(흑당 밀크티 등)에 사용합니다.

과일을 사용한 소스와 시럽은 음료에 과일의 감칠맛을 늘리고 싶거나 음료의 색을 진하게 내고 싶을 때 사용합니다. 생과일을 사용하면 시기와 종류에 따라서 과일의 맛이 달라집니다. 제철 과일은 신맛과 단맛의 균형이 좋고 향도 좋습니다. 계절에 따라 변화하는 맛을 음료에 담아낼 수 있습니다. 또 '지금이 아니면 마실 수 없어'라는 한정성이 구매욕을 불러 일으킵니다.

과일 이외의 재료로는 초콜릿이나 말차 등이 있는데 음료의 뼈대를 만들고, 맛의 중심이 됩니다. 이와 같은 소스를 '섞는 재료'와 조합하여 차음료를 완성합니다. 칠리 시럽 같은 향신료 종류를 사용한 것이나 찻잎을 사용한 티(tea) 시럽은 음료에 향과 단맛을 더하는 역할을 합니다. 적은 양으로도 음료에 풍성한 향을 더할 수 있습니다.

소스와 시럽을 만들 때에 음료의 어떤 부분에 이를 사용하고 싶은가를 생각하면 향, 단맛, 색에 맞는 식재료를 쉽게 고를 수 있습니다. 소스나 시럽으로 만들기 위해 고른 식재료와 당분의 균형을 맞추면 소스와 시럽 만들기는 순조롭게 진행됩니다.

소스와 시럽 만들기의 핵심

◉ **재료의 분량에 대해서** 이 책에서 소스와 시럽의 재료는 모두 [한 번에 만들기 쉬운 분량]으로 기재했기 때문에 완성 분량은 각각 다르다.

◉ **만든 소스와 시럽의 사용 기한과 보관 방법** 냉장실에 며칠 동안 보관할 수 있지만, 되도록 빨리 사용한다.
충분히 가열하고 당도를 높이면 보관 기간을 늘릴 수는 있지만 신선한 느낌이 약해지므로 추천하지 않는다.
대량으로 만드는 경우, 하루에 사용할 분량을 제외하고 나머지는 소분해서 냉동한다면 한 달 이상은 보관할 수 있다.

황설탕 시럽

차음료 가게에서 음료에 단맛을 내기 위해 흔하게 사용하는 시럽. 백설탕으로 만든 시럽보다 감칠맛이 깊은 시럽으로, 끓여서 설탕을 녹이기만 하면 간단하게 완성할 수 있다.
재료 황설탕 500g 물 350g

흑당 시럽

흑당 타피오카 음료에 단맛을 내는 시럽. 흑당 시럽에 타피오카 가루나 타피오카 삶은 물을 넣어 약간 걸쭉하게 만들어 사용할 수도 있다.
재료 흑당 500g 물 350g

황설탕 시럽과 흑당 시럽은 만드는 방법이 같음

만드는 방법
1 냄비에 재료를 넣고 섞은 다음 중불에 올려 설탕을 녹인다.
2 불을 끄고 식힌다.

[설탕류 시럽] 단맛 내기의 정석

말차 소스

맷돌로 갈아 만든 말차*는 가루의 입자가 고와서 소스로 만들어도 거슬거슬한 느낌 없이 매끄럽게 완성할 수 있다.
사용 예> P. 73, 149, 150, 183, 187

* **말차(石臼挽き)** 말차는 일반적으로 맷돌이나 분쇄기로 갈아 만드는데 맷돌로 갈아 만든 말차는 분쇄기로 간 것보다 일반적으로 고급품에 해당한다. 분쇄기는 갈면서 발생하는 열에 의해 말차의 향과 맛이 날아가 맷돌로 간 것보다 향과 맛이 덜하기 때문이다. 일본에서는 맷돌로 간 말차일 경우 포장에 '石臼挽き(이시우스히키)'라고 표시되어 있다.

초콜릿 소스

쌉싸래한 맛을 내기 위해 코코아 가루와 백설탕을 사용하여 만드는 심플한 소스. 수제 소스는 당도를 자유롭게 조절할 수 있는 점이 매력이다.
사용 예> P. 162, 167, 168, 169

재료
말차(맷돌로 갈아 만든 것) 15g, 뜨거운 물(75℃) 135g
만드는 방법
1 말차를 고운 체에 내린다. 용기에 뜨거운 물과 말차를 넣고 골고루 섞고 뚜껑을 덮어 5분간 그대로 둔다.
2 얼음을 넣은 볼 위에 ①을 올려 식힌 후 핸드 블렌더로 잘 섞는다.

재료
코코아 가루 200g, 백설탕 200g, 뜨거운 물(100℃) 400g
만드는 방법
1 재료를 모두 용기에 넣고 핸드 블렌더로 잘 섞는다.

[단맛류의 소스·시럽] 음료의 뼈대와 맛의 중심이 된다

[단 맛 류 의 소 스 · 시 럽]

화이트 초콜릿 소스

화이트 커버처 초콜릿* 과 우유라는 간단한 재료로 만드는 향이 짙은 소스 미리 만들어 둔 소스가 굳으면 따뜻한 곳에 두어 잘 풀어 섞으면 된다.

사용 예> P. 149, 167

재료

화이트 초콜릿(커버처) 400g, 우유 600g

만드는 방법

1   냄비에 화이트 초콜릿과 우유를 넣고 중불에 올려 섞는다. 초콜릿이 녹으면 불을 끄고 식힌다.

＊ 커버처 초콜릿은 카카오 버터의 함유량이 높은 제과용 초콜릿으로 화이트, 밀크, 다크 등 여러 종류가 있다.

생 캐러멜 소스

꿀과 바닐라 같은 독특한 향이 특징. 카소나드 설탕*으로 만든 생 캐러멜은 너무 달지 않으면서도 깊은 맛이 난다.

사용 예> P. 151

재료

카소나드 설탕 500g, 생크림(유지방 함량 42%, 끓인다) 500g, 물 적당량

만드는 방법

1   냄비에 카소나드 설탕과 물을 넣고 섞어 설탕이 녹으면 중불에 올린다(사진 ❶).

2   끓어 오르면 뒤섞지 않고 냄비를 흔들어 가며 다시 졸인다. 전체적으로 부글부글 끓어 엿처럼 되고, 계속 졸이면 황색에서 갈색으로 변해간다(사진 ❷).

3   캐러멜 타는 향이 나고 거품이 커지기 시작하면 불을 약하게 하고, 원하는 색이 나기 직전에 불을 끈다. 남은 열기로 색을 낸다(사진 ❸).

4   끓인 생크림을 3번 정도 나눠서 조금씩, 조심스럽게 넣고 섞는다. 생크림을 너무 힘차게 부으면 뜨거운 캐러멜이 튈 수 있으므로 주의한다.(사진 ❹,❺).

5   충분히 섞어 매끄러워지면 완성(사진 ❻).

＊ Cassonade. 사탕수수 즙을 졸여 만든 황설탕.

차모이 소스

단맛, 매운맛, 신맛이 균형을 이루며 새콤달콤한 맛이 나는 멕시코의 색다른 소스. 일본의 우메보시(매실 절임)가 기원이라는 설도 있다.

사용 예> P. 135, 137, 139, 140

재료

모리타 칠리* 2개, 라임즙 120g, 석류 시럽(P. 39) 60g, 매실 페이스트(적색) 50g, 살구 퓌레 250g, 키비 설탕** 75g, 핑크 솔트(분말) 2.5g

만드는 방법

1 모리타 칠리를 반으로 잘라 씨를 빼고 반나절 동안 라임즙에 담가 불린다.
2 블렌더에 모든 재료를 넣고 모리타 칠리가 페이스트 상태가 될 때까지 오랜 시간 작동하여 섞는다.

* Chile morita. 멕시코산(産) 말린 고추의 한 종류.
** 사탕수수로 만드는 설탕. 연한 갈색을 띠며 사탕수수액을 그대로 끓여 졸여서 만들기 때문에 칼슘과 미네랄이 풍부하고, 사탕수수의 풍미가 살아 있으며 감칠맛도 좋다.

칠리 시럽

계피, 카다몸, 클로브 등 향이 깊고 진한 향신료를 마른 고추와 함께 푹 끓여 진액을 추출한 시럽.

사용 예> P. 168

재료

마른 고추(기호에 따라 조절) 4개, 계피 8g, 카다몸 24알, 클로브 12개, 팔각 2개, 물 350g, 백설탕 180g

만드는 방법

1 냄비에 설탕을 제외한 재료를 모두 넣고 중불에 올린다. 끓으면 설탕을 넣고 섞으며 녹인다(사진 ❶❷).
2 그대로 5분간 끓여 재료를 우려내고 불을 끈다. 뚜껑을 덮어 상온에서 식힌다 식히는 과정에서 진액이 쉽게 추출된다.
3 향신료를 그대로 담가 둔 채 빛이 들지 않는 시원한 곳에 보관한다.

마살라 차이 시럽

달게 끓여 마시는 인도식 밀크티를 간단하게 만들 수 있는 시럽. 마살라는 여러 향신료를 섞은 혼합 향신료를 말힌다.

사용 예> P. 191

재료

우바(찻잎) 60g, 클로브 30개, 카다몸 60알, 계피 20g, 팔각 10개, 월계수 잎 10장, 검은 통후추 50알, 황설탕 500g, 생강(슬라이스) 100g, 물 1kg

만드는 방법

1 냄비에 황설탕, 생강, 물을 제외한 재료를 모두 넣고 향이 날 때까지 볶는다.
2 다른 냄비에 ①과 생강, 물을 넣고 중불에 올린다. 처음의 절반 분량이 될 때까지 졸인다.
3 ②를 체에 거른다. 이때 거른 액체가 500g 이하로 줄었으면 물을 더해 500g으로 맞춘다.
4 황설탕을 넣고 녹인 다음 식힌다.

생강 시럽

신선한 생강과 키비 설탕(35쪽)을 사용한 시럽. 간단하게 만들 수 있고 음료와 조합하기도 수월하다. 응용 메뉴를 만들기에도 좋다.

사용 예> P. 45

재료 생강 400g, 키비 설탕 400g, 물 800g

만드는 방법

1 생강은 씻어 물기를 닦고 껍질째 2mm 두께로 자른다.
2 냄비에 생강을 넣고 키비 설탕을 뿌려 버무린 후 수분이 나올 때까지 30분 이상 그대로 둔다.
3 ②에 물을 붓고 중불에 올려 끓으면 약불로 줄이고, 약 20분간 거품을 걷어가며 끓인다.
4 불을 끄고 그대로 식힌다. 건더기까지 모두 함께 그대로 병이나 밀폐용기에 넣어 보관한다.

영덕홍차 시럽

산뜻한 향의 영덕홍차를 우려내어 만든 시럽으로 단맛이 진하고 떫은 맛이 적다.

사용 예> P. 171, 173

재료 영덕홍차(찻잎) 20g, 물 300g, 백설탕 200g

재스민 시럽

재스민차를 우려내어 만든 시럽은 뒷맛이 깔끔하다. 녹차의 산뜻한 떫은 맛과 고상하고 달콤한 꽃 향이 특징.

사용 예> P. 188

재료 재스민차(찻잎) 20g, 물 300g, 백설탕 200g

얼그레이 시럽

단맛과 쓴맛, 산뜻함을 모두 가진 신선한 감귤향의 얼그레이를 우려내어 만든 시럽.

사용 예> P. 166, 182, 189 190

재료 얼그레이(찻잎) 20g, 물 300g, 백설탕 200g

영덕홍차 시럽, 재스민 시럽, 얼그레이 시럽은 만드는 방법이 같음

만드는 방법

1 냄비에 찻잎과 물을 넣고 강불에 올린다. 끓으면 약불로 줄여 3분간 우려낸다(사진 ❶).

2 ①을 체에 거른다. 이때 거른 액체가 200g 이하로 줄었으면 물을 더해 200g으로 맞춘다.

3 설탕을 넣고 녹인다(사진 ❷).

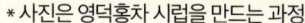

* 사진은 영덕홍차 시럽을 만드는 과정.

【과일류 소스·시럽】 과일의 감칠 맛과 색을 더한다

소스나 시럽의 재료로 퓌레를 사용할지, 생과일을 사용할지는 완성 음료의 이미지와 가게의 스타일에 따라 생각한다. 생과일은 맛있지만 손이 많이 가고, 퓌레는 일손을 덜어 주어 간편하다. 각각의 장점을 살려 가게나 메뉴 상황에 맞게 소스나 시럽을 만들어 사용한다.

퓌레를 사용해 소스·시럽을 만드는 기본적인 방법

1   냄비에 퓌레와 백설탕, 레몬즙*의 절반 분량을 넣고 중불에 올려 끓기 직전까지 데워 백설탕을 녹인다.
2   불을 끄고 남은 레몬즙을 넣고 얼음을 넣은 볼 위에 올려 식힌다.

* 레몬에 들어 있는 구연산은 발색 효과가 있어, 레몬을 넣으면 과일 본래의 색을 끌어내지만 열을 가하면 향과 신맛은 날아간다. 따라서 풍미를 보충하기 위해 넣는 레몬즙의 절반 분량은 끓인 후에 넣는다.

딸기 소스

새콤달콤한 맛에 예쁜 붉은 색을 잘 표현할 수 있는 겨울 음료의 단골 재료. 소스를 사용하면 딸기의 풍미를 더욱 강하게 살릴 수 있다.

사용 예▷ P. 81, 140, 157, 184
재료 딸기 퓌레(무가당) 200g, 백설탕 150g, 레몬즙 10g

패션프루트 소스

열대지방 과일 중 신맛이 강하고 진한 향이 특징이다. 과일향이 나는 차와 조합하면 한결 진한 향의 음료를 만들 수 있다.

사용 예▷ P. 90, 120
재료 패션프루트 퓌레 200g, 백설탕 150g, 레몬즙 10g

복숭아 소스

복숭아는 색이 잘 변하지만 퓌레를 사용하면 연한 핑크색을 살릴 수 있다. 여러 가지로 응용하기 쉬운 소스이다.

사용 예▷ P. 89, 91, 110, 201
재료 백도 퓌레 200g, 백설탕 150g, 레몬즙 10g

서양배 소스

향과 단맛이 강한 서양배는 생과일로 음료를 만들면 색이 잘 변하지만 소스로 만들어 사용하면 음료와 쉽게 조합할 수 있다.

사용 예▷ P. 107
재료 서양배 퓌레 200g, 백설탕 150g, 레몬즙 10g

리치 소스

향이 진하고 강한 단맛이 특징. 하얀색이기 때문에 여러 음료와 쉽게 조합할 수 있고, 특히 꽃 향이 나는 차와 잘 어울린다.

사용 예▷ P. 109, 200
재료 리치 퓌레 200g, 백설탕 150g, 레몬즙 10g

풋사과 소스

신맛이 강하고 산뜻한 향이 특징으로 과일 향이 나는 차와 잘 어울린다.

사용 예▷ P. 115
재료 풋사과 퓌레 200g, 백설탕 150g, 레몬즙 15g

라즈베리 소스

새콤달콤한 맛의 붉은 색이 고운 소스. 향은 약하기 때문에 음료의 색을 돋보이게 하는 재료로 요긴하게 쓰인다.

사용 예> P. 169, 181

재료 라즈베리 퓌레 200g, 백설탕 150g, 레몬즙 10g

핑크 자몽 시럽

쓴맛과 신맛이 적게 나고 단맛이 약간 강한, 연한 핑크색 과육의 자몽으로 만든 시럽. 과일 향이 나는 단맛의 차와 조합하면 균형이 잡힌다.

사용 예> P. 100, 117

재료 핑크 자몽 퓌레 200g, 백설탕 150g, 레몬즙 15g

[과일류 소스·시럽]

생과일을 사용해 소스·시럽을 만드는 기본적인 방법

1 과일의 껍질과 씨를 제거하고 착즙기(P. 64)의 투입구에 넣을 수 있는 크기로 자른다. 손질한 과일을 착즙기에 넣고 즙을 짜 분량의 과즙을 준비한다.

2 냄비에 ①과 백설탕, 레몬즙(P. 38과 동일, 색을 잘 내기 위해)의 절반 분량을 넣고 중불에 올려 끓기 직전까지 데워 백설탕을 녹인다.

3 불을 끄고 남은 레몬즙을 넣고 얼음을 넣은 볼 위에 올려 식힌다. 고운 체로 거르고 거품을 걷어낸다.

---

* 사용하는 과일에 따라 공정이 조금씩 다르므로 주의.

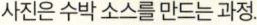

사진은 수박 소스를 만드는 과정.

기본적인 방법으로 만드는 생과일 소스·시럽

무화과 소스

신맛이나 풋맛 등이 나지 않고 깔끔한 단맛이 나기에 비발효차나 홍차와 조합하기 좋은 소스이다.

사용 예> P. 99

재료 무화과(즙으로 짠 것) 200g, 백설탕 150g, 레몬즙 10g

* 석류는 껍질을 벗겨 석류알을 떼어내 착즙기에 넣는다.

석류 시럽

담박하고 은은한 단맛이 나는 석류는 산뜻하고 화사한 향이 특징. 먹을 수 있는 부분이 적어 시럽으로 만들면 오히려 쉽게 사용할 수 있고 토핑으로 쓰기에도 좋다.

사용 예> P. 35, 103

재료 석류(즙으로 짠 것) 100g, 백설탕 50g, 레몬즙 10g

[과일류 소스·시럽]

귤* 시럽

단맛과 함께 깔끔한 신맛, 은은한 쓴맛이 조화로워 여러 음료에 응용하기 좋은 시럽이다.

사용 예> P. 98, 119

재료 귤(즙으로 짠 것) 200g, 백설탕 150g, 레몬즙 20g

---

* 원서에는 일본 후쿠오카(福岡)현에서 많이 생산하는 작은 귤을 말하는데 껍질은 오렌지처럼 두껍고, 신맛이 강한 오렌지 맛이 나는 품종이다. 우리나라에서는 작은 감귤류나 한라봉, 오렌지 등으로 시럽을 만들면 된다.

감 소스

단맛과 점성이 강해 걸쭉한 느낌이 있다. 특유의 향이 거의 없어 다양한 차와 조합하기 좋다.

사용 예> P. 101

재료 감(즙으로 짠 것)200g, 백설탕 80g, 레몬즙 10g

파인애플 소스

새콤달콤한 맛과 진하고 독특한 향이 특징. 당도가 높아 소스로 안성맞춤.

사용 예> P. 121, 139

재료 파인애플(즙으로 짠 것) 200g, 백설탕 150g, 레몬즙 10g

[MEMO]
파인애플에는 브로멜라인이라는 단백질 분해효소가 들어 있다. 이 효소가 유제품의 단백질을 쓴맛이 나는 펩타이드로 분해하기 때문에 유제품과는 잘 어울리지 않는다. 사용할 때에 주의가 필요하다.

만드는 방법이 각각 다른 생과일 소스 · 시럽

수박 소스

수박은 씨가 많고 맛이 섬세해 시럽으로 만들면 편하게 쓸 수 있고, 수박 본래의 맛도 진하게 표현할 수 있다.

사용 예> P. 104, 124, 137

재료 수박(즙으로 짠 것) 200g, 백설탕 120g, 레몬즙 20g

만드는 방법

1 수박 과육에서 씨를 제거하여 착즙기 투입구에 넣을 수 있는 크기로 잘라 넣고 즙을 짜 분량의 과즙을 준비한다.

2 냄비에 ①과 백설탕, 레몬즙의 절반 분량을 넣고 약불에 올려 처음의 ⅓ 분량이 될 때까지 졸인다.

3 불을 끄고 남은 레몬즙을 넣고 얼음을 넣은 볼 위에 올려 식힌다. 고운 체로 거르고 거품을 걷어낸다.

레몬 소스

레몬 과즙을 사용한 소스는 음료에 새콤달콤함을 더하고 싶을 때 요긴하다. 감귤류의 과육은 알맹이가 모여 있는 송이 모양이라 과즙이 잘 나오지 않는다. 즙을 짜서 소스로 만들면 쓰기 편해진다.

사용 예> P. 88, 91, 93, 104, 106, 111, 113, 179, 181, 189

재료 레몬(즙으로 짠 것) 100g, 백설탕 100g

만드는 방법

1 레몬 껍질을 벗겨 착즙기에 넣고 즙을 짜 고운 체로 걸러 분량의 과즙을 준비한다.
2 냄비에 ①과 백설탕을 넣고 중불에 올려 끓기 직전까지 데워 백설탕을 녹인다.
3 불을 끄고 얼음을 넣은 볼 위에 올려 식힌다. 고운 체로 거르고 거품을 걷어낸다.

망고 소스

망고는 단맛과 점성이 있는 과일이다.. 프로즌 음료나 스무디에 망고 소스를 사용하면 원하는 농도를 만들 수 있다.

사용 예> P. 88, 123, 135

재료 망고(즙으로 짠 것) 200g, 백설탕 80g, 라임즙* 20g

만드는 방법

1 망고 껍질을 벗겨 라임즙의 절반 분량과 같이 블렌더에 넣고 간다.
2 냄비에 ①과 백설탕을 넣고 중불에 올려 끓기 직전까지 데워 백설탕을 녹인다.
3 불을 끄고 남은 라임즙을 넣고 얼음을 넣은 볼 위에 올려 식힌다.

---

* 라임을 반으로 잘라 스퀴저로 즙을 짜서 고운 체에 거른 것.

[MEMO] 과일 소스와 시럽의 백설탕 분량 정하는 방법

◉ **신맛이 강한 과일** 백설탕은 과일 무게와 같은 양이 적당하다.

◉ **신맛이 그리 강하지 않은 과일** 백설탕은 과일 무게의 절반이 적당하다.

◉ **단맛이 강한 과일** 백설탕은 과일 무게의 ¼이 적당하다.

위 분량은 과일의 품종, 수확 시기, 익은 정도에 따라 달라진다. 항상 같은 당도로 완성하려면 당도계를 사용하여 만드는 방법도 있지만, 제철 과일의 느낌을 더 잘 살리려면 당도를 일괄적으로 맞추지 않는 것이 낫다.

그 외에 이런 시럽도!

매실 시럽(매실청)

청매실을 절여 만든 향이 풍부한 시럽. 새콤달콤한 맛이 과일과 잘 어울린다.

사용 예> P. 94

4

차음료의 구성 요소
토핑

토핑은 크게 두 가지 유형으로 나눌 수 있습니다. 첫 번째는 음료와 하나가 되는 토핑, 두 번째는 식감을 더해 주는 토핑입니다. 토핑을 사용하면 음료의 맛과 모양에 개성, 즉 악센트를 줄 수 있습니다.

지금까지 토핑의 역할은 음료에 장식과 식감을 더하는 것이었습니다. 이런 역할과 더불어 음료와 토핑을 조합하여 생긴 맛의 변화까지 즐기도록 할 수도 있고, 토핑을 먹고 음료를 마심으로써 그 둘의 마리아주를 완성하는 '음료의 일부'로 토핑의 역할이 확장되고 있습니다.

● 음료와 하나가 되는 타입

음료와 하나가 되는 토핑으로는 휘핑 크림, 밀크 폼 같은 크림과 폼 등이 있고, 이런 것들은 음료와 섞어 마시면 새로운 맛으로 변합니다. 최근에는 치즈 폼이나 에스푸마를 사용한 폼(거품) 음료가 탄생했는데 맛이 좋고, 인기도 높습니다. 치즈 폼에 사용하는 치즈는 발효식품이기 때문에 같은 발효식품인 차와 아주 잘 어울립니다.

에스푸마는 여러 가지 맛을 거품으로 만들 수 있어, 음료와 향과 미각의 균형을 잡을 수 있는 것이 매력적입니다. 미식의 세계에서는 이미 흔하게 사용되고 있는 에스푸마는 사용 방법에 따라 맛과 색채에 다양한 변화를 줄 수 있습니다.

그 외에도 고객이 보는 앞에서 퍼포먼스를 보여주는 현장감 있는 요소로써, 음료에 훈연향이 나는 연기를 올리거나, 거품 안에 훈연향이 나는 연기를 넣고 음료에 올려 연기가 향을 옮기는 연출을 하여 마시는 이에게 즐거움을 주는 방법도 생기고 있습니다.

● 식감을 더하는 타입

타피오카 등은 식감을 더하는 토핑입니다. '음료=마시다' 라는 개념에서 진화해, 마시면서 빨대로 빨아 먹기도 하는 [디저트 음료]라는 장르가 등장했습니다. 대표적인 예가 바로 타피오카입니다. 타피오카는 황설탕 등의 시럽에 절인 것이 주류였지만, 타피오카에 흑당을 넣고 섞어서 반죽하거나, 타피오카에 흑당을 뿌려 버무린 흑당 타피오카를 만드는 등 종류가 더욱 다양해졌습니다. 타피오카 전분과 고구마를 섞어 만든 고구마 타피오카도 있습니다.

'나타 드 코코(Nata de coco)'는 코코넛을 발효한 식품으로 산뜻한 맛이 나고 특유의 향이 없어 과일 향이 나는 음료와 조합하기 좋아 다시 인기를 끌고 있습니다. 토핑으로 과일을 사용할 때 특별한 규칙은 없습니다. 과일은 잘라 넣으면 빨대로 빨아 먹으며 식감을 즐길 수 있습니다. 빨대로 빨아 먹을 수 있는 크기면 빨대만으로도 마실 수 있고, 크게 자른 과일은 손잡이가 긴 음료용 숟가락과 포크를 같이 제공하면 됩니다.

해외에서는 장르가 다른 것을 합친 [하이브리드 음료]도 탄생했습니다. '마시고+먹는' 하이브리드 음료가 진화한 형태로는 '음료+빙수'의 조합이 있습니다. 마시는 음료에 먹는 요소인 빙수를 합쳐서 다시 조합하면 새로운 맛으로 변화합니다. 커피 플로트나 크림 소다와 비슷한 발상입니다. 아이스크림은 단맛이 과해질 수 있지만, 빙수는 산뜻하게 마무리 할 수 있고, 비주얼도 화려합니다. 그 외에도 깊고 진한 맛을 느낄 수 있도록 밤이나 자색 고구마 등의 페이스트를 올린 몽블랑 음료 등도 있습니다.

휘핑 크림

음료의 토핑으로 사용하는 경우라면 단단하게 90%로 휘핑한다. 소프트 아이스크림처럼 짜서 모양을 내거나 아이스크림 스쿠프로 동그랗게 떠서 음료에 올려도 쉽게 모양이 유지된다. 또, 음료와 섞어 크리미한 느낌으로 완성하는 등 맛을 변화시키는 역할도 한다.

사용 예> P. 127, 155, 159, 162, 163, 169

완성량 약 220g 재료 생크림(유지방 함량 42%) 200g, 백설탕 20g

만드는 방법

1 볼에 생크림과 백설탕을 넣고 얼음을 넣은 볼 위에 올려 거품기 또는 핸드 믹서로 식혀 가며 휘핑한다.
2 거품기로 떠서 올리면 단단한 뿔모양의 크림이 확실하게 서 있는 상태(90% 휘핑 : 사진)면 완성.

평균 사용기한 냉장 보관으로 24시간

[크림]

밀크 폼

생크림과 백설탕 뿐인 간단한 재료로 만드는 폼. 생크림은 지방 함량의 정도에 따라 맛이 달라진다. 지방 함량이 높으면 묵직한 맛이, 낮으면 담백한 맛이 난다. 다양한 폼을 만드는 베이스로도 쓸 수 있다.

사용 예> P. 75, 149, 153

완성량 약 220g 재료 생크림(유지방 함량 42%) 200g, 백설탕 20g

만드는 방법

1 볼에 생크림과 백설탕을 넣고 얼음을 넣은 볼 위에 올려 거품기 또는 핸드 믹서로 식혀 가며 휘핑한다.
2 떠서 올리면 뚝뚝 흘러내리고, 흘러 내린 흔적이 바로 없어지는 상태(50% 휘핑 : 왼쪽 위 사진)에서 흔적이 조금씩 쌓였다가 없어지는 상태(60% 휘핑 : 왼쪽 아래 사진)가 될 때까지 휘핑한다.

평균 사용기한 냉장 보관으로 24시간. 아래에 소개하는 폼 류는 모두 동일.

[폼]

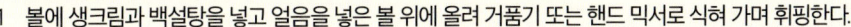
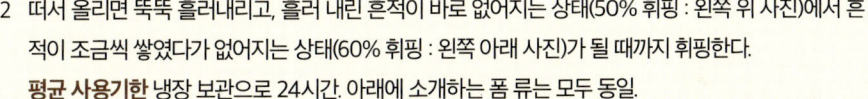

소금 밀크 폼과 피스타치오 크림 폼은 만드는 방법이 같음

만드는 방법 용기에 재료를 넣고 잘 섞는다.

소금 밀크 폼

밀크 폼에 미네랄이 든 부드러운 맛의 핑크 솔트를 넣어 단맛을 끌어낸 폼.

사용 예> P. 157, 182

완성량 약 50g 재료 밀크 폼 50g, 핑크 솔트(가루) 1g

피스타치오 크림 폼

밀크 폼에 진한 맛의 피스타치오 크림을 넣고 섞은 호화로운 풍미의 크림 폼.

사용 예> P. 161

완성량 약 350g 재료 밀크 폼 300g, 피스타치오 페이스트(P. 46) 50g

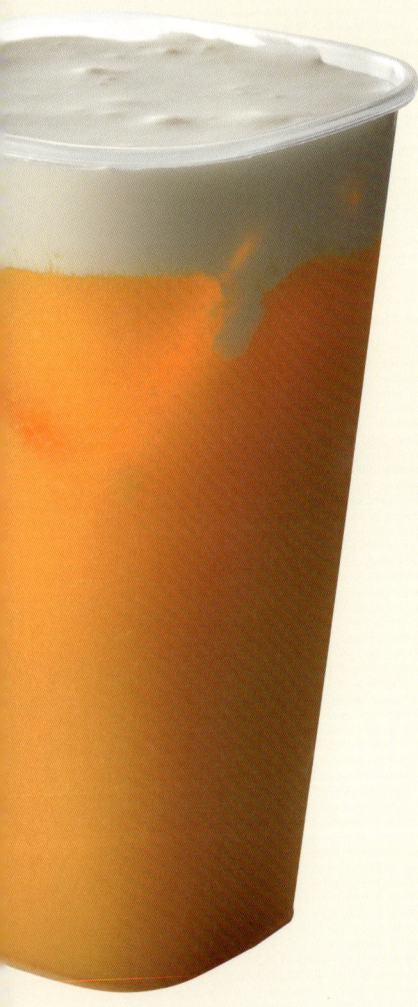

[폼]

치즈 폼

밀크 폼에 크림치즈 소스를 넣어 우유 느낌이 가득한 부드러운 폼. 밀크티는 물론이고 과일과도 잘 어울린다.

사용 예> P. 88, 104, 115, 118, 151, 156, 167, 173

완성량 약 480g 재료 크림 치즈 100g, 백설탕 20g, 핑크 솔트(가루) 2g, 우유 100g, 연유 20g, 밀크 폼 240g

고르곤졸라 치즈 폼

치즈 폼에 고르곤졸라 치즈를 더 넣어 진한 맛과 향의 중독성 높은 폼.

사용 예> P. 171

완성량 약 480g 재료 고르곤졸라 치즈 50g, 크림 치즈 50g, 백설탕 20g, 핑크 솔트(분말) 2g, 우유 100g, 연유 20g, 밀크 폼 240g

치즈 폼, 고르곤졸라 치즈 폼은 만드는 방법이 같음

만드는 방법

1 치즈와 크림 치즈는 모두 상온에 두어 부드럽게 만든다. 볼에 치즈(크림 치즈), 백설탕, 핑크 솔트를 넣고 고무주걱으로 골고루 섞는다.

2 우유와 연유를 섞어 ①에 조금씩 넣어가며 핸드 블렌더로 잘 섞는다.

3 ②에 같은 양의 밀크 폼을 넣고 섞는다.

커스터드 폼

밀크 폼에 앙글레즈 소스를 넣어 진한 감칠맛이 나는 폼. 우유나 초콜릿과 섞으면 디저트 느낌이 더욱 풍성해진다.

사용 예> P. 165

완성량 약 150g 재료 앙글레즈 소스 50g(달걀 노른자 2개, 우유 200g, 백설탕 40g, 바닐라 빈 ⅓개, 아래 방법대로 만들어 50g을 사용), 밀크 폼 100g

만드는 방법

1 앙글레즈 소스를 만든다. 바닐라 빈의 껍질을 갈라 씨를 모두 발라낸다. 씨와 껍질을 모두 냄비에 넣고 우유를 부어 불에 올려 끓기 직전까지 데운다.

2 볼에 달걀 노른자, 백설탕을 넣고 흰색이 돌고 찰기가 생길 때까지 거품기로 섞는다. ①을 조금씩 넣어가며 풀어서 섞는다.

3 냄비에 ②를 옮겨 담고 약불에 올린다. 타지 않게 계속 고무주걱으로 섞어가며 달걀 노른자에 열기가 전해져 걸쭉해질 때까지 가열한다(80~83℃). 달걀 노른자가 완전히 익지 않도록 주의한다.

4 체에 걸러 볼에 옮겨 담고 얼음 위에 올려 식히면 앙글레즈 소스 완성.

5 볼에 분량의 앙글레즈 소스와 밀크 폼을 넣고 섞는다.

에스푸마는 모두 만드는 방법이 같음

만드는 방법

1 재료를 휘핑 사이폰(P. 67)에 넣고 뚜껑을 잠근다.
2 가스통의 밸브를 열고 가스 조인트를 휘핑 사이폰의 가스 주입구에 끼워 넣고 충전한다. 가스통에 연결해 사용하므로 취급할 때 주의가 필요하다.
3 가스 소리가 멈추면 가스 조인트를 빼내고 밸브를 잠근다.
4 휘핑 사이폰을 위아래로 흔든다.
5 휘핑 사이폰의 레버를 앞쪽으로 당겨 유리잔에 에스푸마를 추출한다.
   평균 사용기한 냉장 보관으로 24시간. 아래에 소개하는 에스푸마도 모두 동일.

[에 스 푸 마]

재료의 조합에 따라 다양하게 변하는 여러 가지 에스푸마

레몬 에스푸마

단맛이 강한 과일을 산뜻한 맛으로 바꿔주는 레몬으로 맛을 내므로, 양이 많은 음료도 끝까지 맛있게 마실 수 있도록 해준다.

사용 예> P. 107, 112

완성량 약 360g 재료

물 200g, 레몬즙 100g, 백설탕 40g,
에스푸마용 폼(분말) 20g

유자 에스푸마

진한 향이 나며 은은한 단맛이 도는 노란 유자를 사용한 에스푸마는 꽃향이 나는 차와 잘 어울린다.

사용 예> P. 188

완성량 약 400g 재료

물 200g, 유자즙 100g, 백설탕 80g,
에스푸마용 폼(분말) 20g

생강 에스푸마

짜릿한 생강 향이 강한 시럽으로 만든 에스푸마는 레몬으로 만든 음료와 조합하는 것을 추천한다.

사용 예> P. 189

완성량 약 320g 재료

물 200g, 생강 시럽(P. 36) 100g,
에스푸마용 폼(분말) 20g

[MEMO] 더욱 더 진화하여 음료와 하나가 되는 토핑

음료에 훈연향의 연기를 올리는 기법은 고객이 보는 앞에서 완성하는 것만으로도 현장감 넘치는 연출을 할 수 있다.
음료의 부가가치와 특별함을 높일 수 있는 방법이다.

⊙ 참나무향 거품을 올린 위스키(P. 197)

미니 스모커(소형 훈제기)로 참나무 훈연칩을 태워, 그 연기를 거품 속에 넣는다. 음료 위에 거품을 올려 터트리면 거품 속 참나무향 연기가 흘러나와 현장감을 즐길 수 있다.

⊙ 벚나무 훈연향 연기(P. 115)

미니 스모커(소형 훈제기)로 벚나무 훈연칩을 태워, 그 연기를 직접 음료 위에 올려 향을 옮긴다. 컵 뚜껑을 열면 벚나무향 연기가 흘러 나온다.

검은깨 페이스트

검은깨를 분쇄해 초콜릿 리파이너(P. 65)에 넣고 반나절 이상 갈아 으깨고 섞어서 만든다. 아주 매끄러워 입안에서 녹는 식감이 좋은 페이스트.

사용 예> P. 155

재료 검은깨 적당량

만드는 방법

1 전동 분쇄기(P. 64)에 검은깨를 넣고 가루 상태가 될 때까지 간다.

2 초콜릿 리파이너를 작동 시켜 ①을 넣고 매끄러워질 때까지 으깨어 섞는다.

평균 사용기한 냉장 보관으로 약 1주일

피스타치오 페이스트

피스타치오를 분쇄해 초콜릿 리파이너(P. 65)에 넣고 반나절 이상 갈아 으깨고 섞어서 만든다. 아주 매끄러워 입안에서 녹는 식감이 좋은 페이스트.

사용 예> P. 169

완성량 약 80g 재료 피스타치오 100g, 물 300g

만드는 방법

1 냄비에 피스타치오 3배 분량의 물을 넣고 불에 올려 끓인다.

2 ①에 피스타치오를 넣고 가볍게 섞어 약 15초 정도 데쳐 불을 끈다. 체에 받쳐 물기를 뺀다.

3 큰 사각 철제 트레이에 ②를 서로 붙지 않게 펼쳐 담고 한 김 식힌다.

4 한 알씩 집어 껍질을 벗겨 식품건조기에 넣고 40℃에서 말리며 수분을 날린다(자연 건조도 가능).

5 건조시킨 피스타치오를 전동 분쇄기(P. 64)에 넣고 분쇄해 가루로 만든다.

6 초콜릿 리파이너를 작동 시켜 ⑤를 넣고 매끄러워질 때까지 으깨어 섞는다.

평균 사용기한 냉장 보관으로 약 1주일

페이스트·앙금류에 대해서

견과류나 깨로 만든 페이스트는 액체에 넣고 섞으면 진하고 풍성한 맛을 낼 수 있다. 농도가 있기 때문에 미리 섞어 준비해 두지 않으면 음료와 잘 섞이지 않는다. 고구마 등으로 만든 페이스트나 앙금류는 음료에 넣고 섞으면 맛을 변화시킬 수 있고, 디저트처럼 짜서 음료 위에 올리면 완성 음료의 모습이 화려해지므로 높은 연출 효과를 낼 수 있다.

[MEMO] 하이브리드 토핑

마시는 것에 '먹는' 것을 더한 하이브리드 음료. 밤이나 자색 고구마 페이스트를 올린 몽블랑 음료 등이 있지만, 새로운 토핑으로 눈꽃빙수도 주목해 볼 것! 눈꽃빙수는 전용 빙수기계(P. 66)로 만들어 보송보송한 눈(雪)을 닮은 모습과 섬세하게 혀에 닿는 식감이 특징이다. 이 책에서는 수박 눈꽃빙수(P. 147), 오렌지 눈꽃빙수(P. 148)가 등장한다.

[젤리류]

자몽 젤리

신선한 자몽 과즙에 과육을 듬뿍 넣은 과일 향 젤리. 한천으로 굳혀 목을 타고 내려가는 부드러운 식감이 좋다.

사용 예> P. 100

완성량 약 1,400g 재료 자몽즙* 400g, 한천가루 7g, 물 360g, 백설탕 360g, 자몽(속껍질을 벗기고 과육만 발라낸 것) 400g(약 1개 분량)

만드는 방법

1 냄비에 한천가루와 물을 넣고 나무 주걱으로 섞어가며 중불에 올린다. 끓으면 불을 약하게 줄여 조용히 끓는 정도의 불로 조절해 2분간 끓인다.

2 다른 냄비에 자몽 과즙(레몬 젤리의 경우는 레몬즙)과 백설탕을 넣고 중불에 올려 30~40℃까지 데운다.

3 ①에 ②를 넣고 얼음물을 넣은 볼 위에 올려 고무주걱으로 섞어가며 급랭한다.

4 걸쭉해지면 자몽 과육을 넣고(레몬 젤리의 경우는 아무것도 넣지 않는다) 물에 적신 용기에 부어(나중에 용기에서 젤리가 잘 떨어져 나오게 하기 위함) 상온이 될 때까지 식혀 냉장실에 넣고 차갑게 식혀 굳힌다.

* 자몽은 껍질을 벗겨 착즙기(P. 64)의 투입구에 넣을 수 있는 크기로 잘라 넣고 즙을 짜 분량의 과즙을 준비한다.

사진은 자몽 젤리 만들기 ④의 모습.

레몬 젤리

레몬즙을 사용해 신맛을 살린 젤리. 탱글탱글하게 굳혀 음료를 마실 때 독특한 식감을 느낄 수 있도록 만들었다.

사용 예> P. 111

완성량 약 600g 재료 한천가루 4g, 물 400g, 레몬즙 150g, 백설탕 150g

만드는 방법

1 만드는 방법은 자몽 젤리와 같다. 마지막에 젤리가 굳으면 포크로 잘게 잘라 사용한다.

[MEMO] 과일과 응고의 관계

신맛이 강한 감귤류나 펙틴이 많이 들어 있는 생과일은 응고력이 약하다. 따라서 한천으로 만들면 굳기를 쉽게 조절할 수 있다. 빨대로 빨아 먹을 수 있는 굳기로 완성하면 더욱 좋다.

말차 젤리

마치 말차를 먹고 있는 듯 진한 맛이 그대로 난다. 쓴맛이 강하게 나도록 만들면 단맛의 음료와 잘 어울린다.

사용 예> P. 73

완성량 약 450g 재료 한천가루 3g, 물 150g, 우유 200g, 연유 100g, 말차 소스(P. 33) 50g

만드는 방법

1 냄비에 한천가루와 물을 넣고 나무 주걱으로 섞어가며 중불에 올린다. 끓으면 불을 약하게 줄여 조용히 끓는 정도의 불로 조절해 2분간 끓인다.

2 다른 냄비에 우유, 연유, 말차 소스를 넣고 중불에 올려 섞어가며 30~40℃까지 데운다.

3 ①에 ②를 넣고 얼음물을 넣은 볼 위에 올려 고무주걱으로 섞어가며 급랭한다.

4 걸쭉해지면 물에 적신 용기에 부어 상온이 될 때까지 식혀 냉장실에 넣고 차갑게 식혀 굳힌다.

5 숟가락으로 떠서 사용한다.

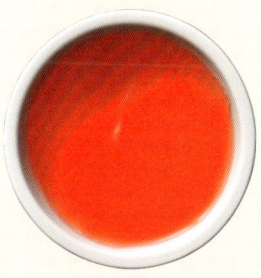

벚꽃 젤리

은은한 핑크색의 벚꽃 풍미의 젤리. 아가 파우더*를 사용하면 섬세한 벚꽃의 색감과 향을 잘 살릴 수 있다. 벚꽃 피는 봄의 계절 음료에 사용하면 안성맞춤.

사용 예> P. 157

완성량 약 550g 재료 아가 파우더 8g, 백설탕 20g, 딸기 소스(P. 38) 50g, 벚꽃 시럽 150g, 물 400g

만드는 방법

1 그릇에 아가 파우더와 백설탕을 넣고 섞는다.

2 냄비에 ①과 나머지 재료를 모두 넣고 중불에 올린다.

3 끓으면 불을 끄고 얼음물을 넣은 볼 위에 올려 고무주걱으로 섞어가며 급랭한다.

4 걸쭉해지면 물에 적신 용기에 부어 상온이 될 때까지 식혀 냉장고에 넣고 차갑게 식혀 굳힌다.

---

* 젤리를 굳히는 데 사용하는 재료로 해조류가 원료이다.

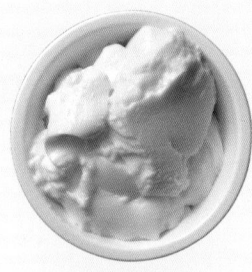

밀크 푸딩

입안에서 녹을 듯 부드럽게 만든 순한 우유 향이 나는 푸딩.

사용 예> P. 162

완성량 약 480g 재료 가루 젤라틴 9g, 물 18g, 우유 400g, 백설탕 40g, 연유 40g

안닌도후

향이 좋은 아몬드 가루를 사용해 입안에서 매끄럽게 녹는 식감으로 만들었다. 음료에 넣었을 때에도 맛이 돋보이도록 보통의 안닌도후보다 향이 강하게 완성했다.

사용 예> P. 187

완성량 약 500g 재료 백설탕 50g*, 아몬드 가루 30g*, 물 60g, 가루 젤라틴 5g, 우유 300g, 생크림(유지방 함량 42%) 100g

* 백설탕과 아몬드 가루는 미리 볼에 넣고 잘 섞어 둔다.

밀크 푸딩과 안닌도후는 만드는 방법이 같음

만드는 방법

1 분량의 물에 가루 젤라틴을 넣고 잘 섞어 5분간 두어 불린다. 이때 반드시 물에 젤라틴을 넣는다. 젤라틴에 물을 부으면 덩어리가 진다.

2 냄비에 우유, 백설탕, 연유(안닌도후의 경우는 미리 섞어 둔 백설탕과 아몬드 가루, 우유, 생크림)를 넣고 중불에 올려 데우며 모든 재료를 녹인다. 끓어 오르면 우유의 풍미가 변해 버리므로 끓지 않도록 주의한다.

3 불을 끄고 ①을 넣고 잘 섞어 젤라틴을 녹인다.

4 물에 적신 용기에 ③을 붓고 한 김 식혀 냉장고에 넣고 차갑게 식혀 굳힌다.

5 숟가락으로 떠서 사용한다.

[MEMO] 젤라틴, 한천, 아가 파우더 : 응고제의 종류와 적절한 사용법

⊙ 젤라틴

한천보다 입에서 녹는 느낌이 좋고 탄력과 점성이 있어 부드러우면서도 탱글탱글한 식감을 원할 때 사용하기 적합하다. 거품을 품고 있는 재료를 굳히므로 말랑말랑하다. 푸딩이나 무스, 바바로아를 만들 때 추천.

사용량

젤라틴은 액체 전체 양의 2~2.5%를 사용하면 적당하다. 젤라틴을 녹이는 액체의 온도는 50~60℃로 한다.

⊙ 한천

젤라틴보다 응고력이 강하고 적은 양으로도 수분을 굳힐 수 있다. 씹는 맛이 좋고 불리거나 체에 내리는 등의 밑손질이 필요하지 않아 사용하기 편리하다.

사용량

부드럽게 굳히고 싶을 때
  - 한천가루 1g : 액체 150g
단단하게 굳히고 싶을 때
  - 한천가루 1g : 액체 125g

⊙ 아가 파우더

젤라틴이나 한천보다 투명도가 높은 제품을 만들 수 있어 재료의 색을 더 잘 살릴 수 있다. 식감은 젤라틴과 한천의 중간 정도로 상온에서도 잘 뭉개지지 않고 특유의 색과 향이 없어 재료의 맛을 잘 드러낼 수 있다.

사용량

액체 전체 양의 1~2% 정도의 양을 준비해 90℃ 이상의 뜨거운 물에 녹여 사용한다.

타피오카는 생(生), 반생(半生), 건조 타입 등이 있고, 삶는 시간은 제조 회사에 따라 다르다. 타피오카는 뜨거운 음료로 제공해야 쫄깃쫄깃한 식감을 살릴 수 있지만, 일본에서는 차가운 타피오카 음료가 인기 있다. 차가운 음료의 경우 빨대로 빨아서 먹는 즐거움을 경험할 수 있기 때문에 타피오카가 딱딱해지는 것에는 크게 개의치 않는 경향이다. 따라서 타피오카의 부드러움을 유지하기 위해서 시럽에 버무린 상태로 50~60℃의 온도에서 보관하고, 소비 시간을 지키는 것이 중요하다. 타피오카의 종류에 관계없이 삶은 후부터 약 6시간 이내에 모두 사용해야 한다. 타피오카를 삶을 때는 타피오카용 전기솥(타피오카 Jar, 65쪽)사용을 추천하지만 일반 냄비에 삶아도 된다.

타피오카용 전기솥(타피오카 Jar)을 사용해 만드는 방법
: 이 책의 타피오카는 모두 이 방법으로 조리

만드는 방법

1 타피오카용 전기솥에 타피오카의 3배 분량의 뜨거운 물을 넣고 스위치를 누른다.

2 전기솥의 물이 끓으면 뚜껑을 열고 상온의 타피오카를 넣고 가볍게 섞어, 뚜껑을 덮은 후 다시 스위치를 누른다.

3 다시 끓으면 뚜껑을 열고 가볍게 섞어 뚜껑을 덮는다. 전기솥의 자동 기능으로 조리한다.

4 다 삶으면 타피오카를 체에 받쳐 물기를 뺀다. 전기솥에 다시 넣고 황설탕(흑당 타피오카의 경우는 흑당)을 뿌려 전체를 버무려 섞는다.

평균 사용기한 삶은 후부터 약 6시간, 50~60℃에서 보관

* 타피오카는 조리 전보다 1.5배 크기로 부푼다.
* 황설탕이나 흑당 등 설탕 분량은 삶기 전 타피오카 무게의 0.3배가 적합하다.

타피오카류

[타피오카류]

흑당 타피오카

타피오카 재료에 흑당을 넣고 섞어서 반죽한 것으로 음료 가게에서 가장 많이 사용하는 종류이다. 타피오카를 삶은 후 흑당을 뿌려 버무리면 감칠맛이 더 늘어나고 향이 풍부해 진다.

사용 예> P. 75, 156

완성량 약 720g 재료 타피오카(생 타입 · 블랙) 400g, 뜨거운 물 1200g, 흑당 120g

황설탕 타피오카

캐러멜을 활용해 금색에 가깝게 만든 타피오카. 황설탕 시럽이나 과일 시럽과 조합하면 음료에 금색을 그대로 연출할 수 있다.

사용 예> P. 71, 166

완성량 약 720g 재료 타피오카(생 타입 · 골드) 400g 뜨거운 물 1200g, 황설탕 120g

[MEMO] 식감이 여러가지!
타피오카처럼 독특한 식감을 자랑하는 토핑은 여러 가지가 있다. 이런 종류는 시판 제품을 사용했다.

⊙ 나타 드 코코(Nata de coco)
나타균을 코코넛과 섞어 발효해서 만든 섬유소 식품. 식감도 즐길 수 있고 과일과 조합하면 응용 범위가 넓어진다.
사용 예> P. 94, 125

⊙ 찹쌀 경단(일본식)
찹쌀가루로 만들어 쫄깃한 식감이 특징. 달고 걸쭉한 음료와 잘 어울린다.
사용 예> P. 155, 163

⊙ 규히(求肥)
찹쌀가루에 설탕이나 물엿을 넣고 반죽해 만들어 쫄깃하고 매끄러운 식감이 중독성 있는 맛.
사용 예> P. 165

고구마 타피오카 (자색 고구마 맛·고구마 맛)

타피오카 전분과 고구마를 섞어 만들어, 은은한 고구마 맛을 느낄 수 있는 타피오카. 꿀과 섞으면 단맛의 균형이 잡힌다. 자색 고구마로 만든 타피오카는 우유와 잘 어울리고 완성 음료의 비주얼도 좋아진다. 사진은 자색 고구마 맛 타피오카.

사용 예> P. 171, 173

완성량 약 430g 재료 고구마 타피오카(생/냉동·자색 고구마맛·상온 해동한다) 300g, 물 1,500g, 황설탕 60g

* 고구마 타피오카는 삶기 전보다 약 1.25배 크기로 부푼다.
* 황설탕의 분량은 삶기 전 타피오카 무게의 0.3배가 적합하다.

만드는 방법

1 냄비에 고구마 타피오카의 5배 분량의 물을 넣고 강불에 올려 끓인다.
2 ①을 강불로 둔 채로 고구마 타피오카를 넣고 떠오를 때까지 가볍게 저어 섞는다.
3 고구마 타피오카가 떠오르면 약불로 줄여 5분간 삶는다.
4 다 삶으면 체에 받쳐 물기를 빼고 황설탕을 뿌려 전체를 버무려 섞는다.

평균 사용기한 삶은 후부터 약 6시간, 50~60℃에서 보관

럼 레이즌 (럼에 절인 건포도)

알코올을 날린 럼주에 건포도를 넣고 절인 것으로, 술을 먹지 못하는 사람도 먹을 수 있도록 만들었다.

사용 예> P. 161

완성량 약 500g 재료 럼주 600g, 백설탕 200g, 건포도 400g

만드는 방법

1 냄비에 럼주를 넣고 중불에 올려 처음의 ⅓ 분량까지 졸여 알코올을 날린다(약 200g 이 된다).
2 ①에 같은 분량의 백설탕을 넣어 녹이고 불을 끈다. 상온으로 식힌다.
3 다른 냄비에 물을 끓여 건포도를 넣고 20초 정도 데쳐 체에 받쳐 물기를 뺀다.
4 ③을 식품 건조기에 넣고 40℃에서 말리며 수분을 날린다(자연 건조도 가능).
5 밀폐용기에 ②와 ④를 넣고 시원하고 빛이 들지 않는 곳에서 하루 이상 재운 후 사용한다.

평균 사용기한 냉장 보관으로 1주일 이내

구운 사과(P. 199)
베이컨 빨대(P. 202)

향·맛·식감의 균형을 잡는 방법

차음료 메뉴를 구성할 때 중요한 것은 향과 맛입니다. 여기에 과일을 조합하거나, 디저트 음료에는 식감의 악센트를 더하는 것이 최근 차음료의 경향입니다.

● 가장 중요한 [향]

향은 인간의 오감 중에서 유일하게 직접 대뇌변연계에 작용한다고 알려져 있어, 기억에 쉽게 남을 뿐만 아니라 여러 가지 효능까지 기대할 수 있습니다. 맛있는 음료는 향과 함께 더욱 좋은 기억으로 남습니다. 일하는 도중 짬을 내어 매일 마시는 한 잔의 음료가 긴장을 풀어주고 스트레스를 완화하며, 집중력을 높여 일의 효율을 올리기도 합니다. 단지 맛있기만 한 음료 그 이상의 효과를 생각할 수 있는 것입니다.

그러므로 차음료의 경우, 향을 활용하는 방법이 효과적입니다. 향은 휘발성이 강한 성분이지만 차가운 음료는 향 성분이 쉽게 휘발할 수 없게 되므로 향이 약해집니다. 향을 내고 싶을 때는 음료의 완성 단계에서 [향을 내는 요소]를 넣으면 마셨을 때 향을 잘 느낄 수 있습니다. 따뜻한 음료는 열로 인해 향의 성분이 휘발하므로 향을 잘 느낄 수 있고 몸을 따뜻하게 해주어 긴장을 풀어주는 효과도 기대할 수 있습니다.

● 균형이 중요한 [맛]

향 다음으로 중요한 미각에는 단맛, 짠맛, 신맛, 쓴맛, 감칠 맛의 다섯 종류의 요소가 있습니다. 이 요소들은 오각형으로 되어 있어 서로 반대 위치에 있는 미각은 상쇄됩니다. 요리 속에 세 가지 종류의 미각이 균형을 맞춰 들어 있으면 맛있게 느껴집니다.

음료도 마찬가지로 차 자체에 단맛, 쓴맛이 있기 때문에 다른 미각을 보충하거나 강약을 주면 미각의 균형이 잡힙니다. 음료를 모두 마셨을 때 맛있다고 느끼는 양과 맛의 균형이 잡혀있는 것이 최상입니다. 예를 들어, 적은 양이면서 맛이 연해 만족할 수 없거나, 양이 많은데 맛도 진해서 다 마시기 전에 질려버리는 것은 균형이 잡혀 있지 않은 상태입니다.

● 즐거움을 더하는 [식감]

마지막은 악센트가 되는 식감으로, 음식을 씹으면 음식의 모양이나 단단한 정도를 느낄 수 있어 맛을 더 잘 알 수 있게 됩니다. 쫄깃한 식감의 타피오카나 경단, 매끄러운 식감의 망고나 복숭아, 아삭한 식감의 사과나 배, 바삭한 식감의 캐러멜라이즈드 견과류와 참깨 등 다양한 종류가 있습니다.

음료 자체는 액체라서 기본적으로는 농도를 다르게 하여 식감의 변화를 주는 방법 밖에 없지만 토핑을 넣으면 독특하고 개성있는 식감이 생겨 마실 때 즐거움이 커집니다. 지금까지는 빨대로 빨아먹을 수 있는 크기의 토핑만 사용할 수 있었지만, 포크나 숟가락을 붙이는 새로운 스타일의 테이크 아웃용 컵이 등장해, 토핑 사이즈도 자유로워졌습니다.

또, 씹는 행동이 뇌를 활성화시켜, 향처럼 집중력을 높이고 긴장을 풀어주며 스트레스를 줄여주는 등의 효과도 기대할 수 있습니다. 차음료는 마시기만 해도 여러 가지 효능이 있지만 씹는 행동을 더하면 더욱 효능이 좋아집니다.

이상적인 균형
향을 활용하고, 맛으로 균형을 잡고, 특별한 식감을 즐기는 음료

향을 활용한다
차음료에서 가장 중요한 요소는 향.
향은 휘발성이 높은 성분이므로 이를 고려한 음료 만들기가 가장 중요.

| ⊙ 차가운 음료 | 향성분이 쉽게 휘발할 수 없기 때문에 향이 약해 진다.
완성 단계에 [향을 내는 요소]를 넣으면 음료를 마실 때 향을 잘 느낄 수 있게 된다. |

⊙ 파파야 복숭아 스무디
> P. 91
**완성 단계에 넣는
향을 내는 요소**
레몬 슬라이스

⊙ 서양배 시트러스 재스민
> P. 107
**완성 단계에 넣는
향을 내는 요소**
레몬필

⊙ 허니 레몬 민트
> P. 113
**완성 단계에 넣는
향을 내는 요소**
민트 잎(신선한 것)

| ⊙ 따뜻한 음료 | 열로 향의 성분이 휘발하므로 향을 잘 느낄 수 있다.
몸을 따뜻하게 하여 긴장을 풀어주는 효과도 기대할 수 있다. |

맛의 균형
차 자체에 단맛, 쓴맛이 있기 때문에
다른 미각을 보충 하거나 강약을 주면 맛의 균형이 잡힌다.

반대에 위치한 미각은 서로 상쇄시킨다.
(←→)

주요한 맛과 이웃해 있는 위치의 맛을 약간 더하면 주요한 맛이 더욱 돋보인다.
(────)

예)
• 쓴맛이 강한 코코아에 단맛을 더해가면 조금씩 부드러운 맛이 되어 마시기 좋아진다.
• 수박(단맛, 신맛)에 소금(짠맛)을 약간 뿌리면, 단맛과 신맛이 강조되어 수박 맛이 두드러진다.

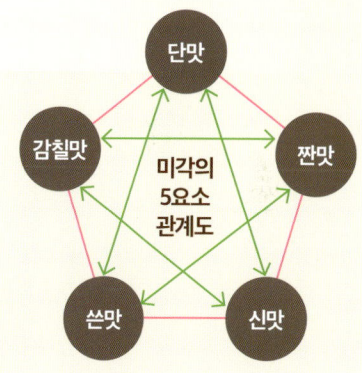
미각의 5요소 관계도: 단맛, 짠맛, 신맛, 쓴맛, 감칠맛

식감의 즐거움
액체인 음료에 고체의 토핑을 더하면 맛의 변화와 식감의 즐거움이 생긴다.
씹으면 음식의 모양이나 질감이 느껴져 맛을 더 잘 느낄 수 있다.

⊙ 캐러멜 밀크티
> P. 151
식감 다진 피스타치오와
아몬드의 바삭함

⊙ 현미차 단팥 밀크티
> P. 165
식감 규히의 쫀득쫀득
함, 현미 알갱이의 오도
독 씹히는 느낌

⊙ 흑당 타피오카 밀크티
> P. 75
식감 흑당 타피오카의 쫄
깃쫄깃함, 캐러멜라이징
한 설탕의 파삭한 느낌.

차음료 만들기에 대한 기본 지식

기본적으로 음료를 만들 때는 유리잔에 얼음을 넣고 비중이 가벼운 것부터 붓습니다. 비중이란, 어떤 물질의 질량과, 이것과 같은 부피를 가진 표준물질의 질량과의 비율을 말합니다. 당분이 많은 액체 일수록 비중이 커져 무거워지므로 아래로 가라앉습니다. 예를 들어, 음료에 두 개의 층을 만들려면 먼저 당분이 많은(비중이 무거운) 것을 넣고, 층 없이 음료가 섞인 상태로 만들려면 당분이 낮은(비중이 가벼운)것부터 넣으면 쉽게 섞입니다. 이처럼 액체마다 비중이 다른 점을 활용해 음료를 만들 수 있습니다. 비중이 비슷할 때에는 순서에 크게 상관없이 베이스 음료부터 넣는 경우가 많습니다.

물보다 가벼운 것은 위로 뜹니다. 소금물, 기름, 거품(에스푸마 등)과 뜨거운 물은 수분이 증발해 위로 뜹니다. 스피릿(증류주), 당분이 적게 들어있는 주류(와인 등)도 위로 뜹니다.

플로트(float. 준비한 재료를 음료에 가볍게 띄우듯 붓는다) 하는 음료는, 띄우는 재료가 흐트러지지 않도록 먼저 얼음을 넣는 것이 중요합니다. 위에 뜨는 재료(요소)는 마지막에 넣습니다. 당연히 아래쪽에 있는 액체보다 가벼운 것을 올립니다. 아래쪽 액체와 무게가 같은 경우에는, 아래쪽 액체에 당분을 넣어 무겁게 하면 위쪽 액체가 쉽게 떠오르게 됩니다. 비중이 거의 비슷한 정도면 잘게 부순

얼음을 사용해 깔끔하게 완성할 수 있습니다.

휘핑 크림과 밀크 폼은 생크림이므로 기름기가 많아 쉽게 뜨고, 토핑으로 올릴 때는 단단한 편이 형태를 유지하므로 쉽게 올릴 수 있습니다. 단, 비주얼을 위해 너무 단단한 거품을 올리면 음료와 잘 섞이지 않아 음료의 맛이 좋지 않을 가능성이 있으므로 주의합니다. 플로트와 반대로 가라앉히는 것을 드롭(Drop)이라 하고, 가라앉히는 액체를 얼음보다 먼저 넣으면 깔끔하게 완성할 수 있습니다.

아래 사진의 [말차 라테]는 간단하게 재료를 띄우듯 부어 만드는 음료입니다. 유리잔에 얼음을 넣고 우유를 부은 후, 마지막에 말차 소스를 띄우듯 붓습니다. 말차 소스를 우유에 직접 부으면 서로 섞여 버려 깔끔하게 띄워 완성할 수 없게 됩니다. 따라서 말차 소스를 유리잔의 가장자리나 얼음에 직접 닿도록 가만히 붓는 것이 중요합니다.

[MEMO] 차음료 만들기의 핵심

◉ **음료 만들기 용어**
• **플로트** 뜸, 뜨다는 의미로 가장 위에 띄우는 것. 예) 화이트 밀크티(P. 71), 우롱 밀크티(P. 72), 호지차 밀크(P. 77) 등
• **드롭** 가라앉는 것. 예) 망고 패션 그린티(P. 90), 자몽 젤리 다즐링(P. 100), 벚꽃 백도우롱(P. 157) 등

◉ **뜨거운 음료의 온도**
뜨거운 음료는 '사람의 체온+25℃'가 맛있게 느껴지는 온도이다. 여기에 계절이나 취향에 따라 5℃정도 변화를 줄 수 있다. 60~65℃로 조정하면 된다.

유리잔에 들어가는 음료의 양을 정하는 방법

차음료에는 여러 가지 재료가 들어갑니다. 재료에 따라 g(그램, 무게), ml(밀리리터, 부피), cc(씨씨, 부피)등 단위가 달라 다양한 도구로 계량해야 한다고 생각할지 모르지만, 모두 g(무게)으로 계량하면 맛의 편차가 줄어듭니다. 이 책의 레시피는 모두 g(무게)으로 표기했습니다.

음료를 만들 때 첫 단계에 얼음을 넣는 경우가 많은 것은 얼음양에 따라 액체량(음료의 분량)이 달라지기 때문입니다. 얼음을 유리잔에 채우는 방법에 따라 같은 유리잔이라도 들어가는 음료의 분량이 달라집니다. ① 각얼음 → ② 돌얼음, 돌모양 얼음, 굵게 쪼갠 얼음 → ③ 잘게 부순 얼음 → ④ 유리잔을 꽉 채우는 큼직한 덩어리 얼음(온 더 락에 사용하는 둥근 얼음 등)의 순서로 유리잔에 들어가는 음료의 분량이 '① 많다 → ④ 적다' 로 달라집니다.

같은 종류의 얼음을 사용해 같은 양의 액체를 부어도 미묘하게 완성 모습이 달라집니다. 그 이유는 얼음이 같은 모양을 하고 있지 않기 때문입니다. 제빙기의 각얼음도 제빙기에서 만들어진 직후의 얼음과 녹기 시작한 상태의 모양이 다릅니다. 얼음을 넣는 방법에 따라서도 달라지기 때문에 베이스 차나 섞는 재료를 넣어 마지막으로 조정하는 과정이 필요합니다. 얼음으로 음료를 차갑게 식히는 방법, 녹는 과정에 따라 맛도 달라집니다.

● 보기 좋게 완성하는 라인

음료의 완성 모습이 가장 깔끔하게 보이는 라인은 유리잔의 가장자리에서 약 1㎝ 아래까지 음료를 채웠을 때입니다[사진①]. 유리잔에 음료가 찰랑찰랑 넘치도록 들어 있으면 아름답지 않을 뿐 아니라 쏟을 위험도 있습니다. 단, 마지막에 폼을 토핑할 경우, 폼은 점성이 있고 빨대로 섞어 마시는 것이 전제되므로 유리잔에 음료를 꽉 차게 담아 완성하는 경우가 많습니다.

음료를 만들 때는 유리잔의 가장자리에서 약 1㎝ 아래까지 액체를 넣고, 그 절반 분량이 얼음양이 되는데, 같은 용량의 유리잔이라도 모양에 따라 들어가는 액체량이 달라집니다[사진②].

유리잔이 혀에 닿는 각도가 첫인상을 결정합니다. 따라서 유리잔을 기울여 마실 때 혀에 닿은 액체가 입안으로 들어오기 좋은 최소의 각도를 생각하는데, 그것이 유리잔의 가장자리에서 약 1㎝ 아래 선입니다.

● 유리잔에 따라 달라지는 느낌

유리잔의 선택도 중요합니다. 유리잔의 재질, 얇은 정도로도 맛의 느낌이 달라집니다. 얇은 것은 날카롭게 느껴지고, 두꺼운 것은 부드럽게 느껴집니다. 높은 유리잔은 시원하게 느껴져 과일 음료에 최적이고, 낮은 유리잔은 완만한 인상이 있어 단맛의 음료에 적합합니다.

약 1㎝

[사진 ①]
유리잔의 가장자리에서 약 1㎝ 아래가 액체 양의 기본 라인.

액체가 들어 가지 않은 공간

약 1㎝   약 1㎝

액체   액체

[사진 ②]
이 유리잔은 둘 다 용량이 같다. 유리잔의 가장자리에서 약 1㎝ 아래까지 액체를 부을 경우 지름이 넓은 유리잔(왼쪽)은 액체가 들어가지 않은 부분의 부피가 커지기 때문에 전체 액체 양은 적어지고, 바닥에서 가장자리까지 형태가 일정한 스트레이트 유리잔(오른쪽)쪽이 액체 양이 많아진다.

지름이 넓은 유리잔은 입술이 닿는 부분이 넓은 만큼 향이 코로 잘 전달되고, 지름이 좁은 유리잔은 맛과 향이 모두 한 번에 입 속으로 흘러들어오기 때문에 음료를 아주 예리하게 느낄 수 있습니다. 와인잔처럼 입구가 오므라져 있는 유리잔은 향을 가두어 오래 머물게 합니다. 또한, 지름이 넓기 때문에 입 속 전체에 음료의 맛과 향이 퍼지는데, 특히 깊은 향과 감칠맛이 돋보이는 것을 느낄 수 있습니다. 한 가지 더, 액체를 유리잔에 담으면 두께감이 생겨 음료의 색이 진하게 보입니다.

차음료 디자인과 연출 테크닉

음료는 요리나 디저트와 달리 모양이 간단합니다. 토핑으로 장식하면 화려함이 더해지고, 향과 단맛도 좋아져 한 단계 높은 완성품이 됩니다.

정통적인 스타일로는 유리잔 안에 얇게 슬라이스한 감귤류의 과일을 넣어 장식하는 방법이 있는데, 단지 장식에 그치지 않고, 그 음료에 넣으면 맛도 좋아지는 재료를 넣는 것이 중요합니다. 예를 들어, 일반적으로 레모네이드에 장식하는 레몬 슬라이스 대신 음료의 노란색이 돋보이도록 라임 슬라이스로 장식했다고 가정하면, 색감은 아름다워지지만 레모네이드에서 쓴맛이 나게 됩니다. 비주얼만 생각하면 음료의 콘셉트에서 멀어지거나 맛의 균형이 무너집니다. 음료의 재료와 같은 식재료로 장식하는 것이 기본입니다.

맛의 악센트로 넣는 것이라면 액체 속에 넣습니다. 액체 속에 넣는 방법의 하나로 감귤을 얇게 잘라 유리잔 안쪽 벽에 붙이는 방법이 있는데, 그렇게 하면 맛뿐 아니라 비주얼의 악센트도 됩니다. 이때 감귤을 두껍게 자르면 유리잔에 붙지 않으므로 얇게 자르고, 또 수분량이 많으면 잘 붙지 않으므로 키친타월로 수분을 닦아내고 붙이면 잘 붙습니다.

빨대로 빨아 먹을 수 있는 크기로 자른 과일이나 타피오카를 넣는 경우에는 [얼음을 넣기 전에 넣는다] [얼음과 번갈아 가며 넣는다] [모든 재료를 넣은 후 그 위에 올린다] 등의 방법이 있습니다.

휘핑 크림 등을 음료 위에 올리는 방식은 많이 사용하고 있습니다. 기본적으로는 유리잔의 형태를 생각해 가장 좋은 비주얼로 연출하는 것이 이상적입니다. 거품 올린 휘핑 크림의 단단한 상태에 따라 토핑 방법을 바꿀 수도 있습니다.

가게 안에서 유리잔에 음료를 제공하는 경우에는 과일을 길게 잘라 칼집을 내고 유리잔에 장식하는 것이 가장 흔한 방법이지만 TO GO컵은 뚜껑을 덮거나 자동 컵 실링기로 밀봉하므로 적합하지 않습니다. 장식하는 과일은 음료를 마시면서 먹는 것이 전제되어야 합니다. 따라서 과일은 음료의 입가심 역할을 하는 부분도 크기 때문에, 섞어서 마시면 음료와의 조화도 즐길 수 있습니다. 과일의 형태, 어떤 방법으로 과일을 사용할지 등을 생각하며 음료의 완성 모습을 상상해 디자인합니다.

디자인과 연출 테크닉은 음료를 업그레이드하는 데 필요한 요소입니다. 완성 모습이 맛있어 보인다고 느끼면 실제의 맛 이상으로 맛있다고 느낄 수 있습니다. 그러나 복잡한 디자인은 만들 때 시간이 오래 걸리고 음료의 형태를 유지하는 것도 어려워지므로 유의하기 바랍니다.

{ 이 책에 등장하는 음료 연출 테크닉의 예 }

분리시켜 층을 만든다

완성된 음료에 두 개의 층이 생겨 아름답다. 예를 들어, 차가운 우유에 따뜻한 재스민차를 부으면 분리된다. 분리시키기 위해서는 '차가운 것 → 따뜻한 것', '비중이 무거운 것 → 비중이 가벼운 것', '수분 → 유분'의 순서로 넣는 것이 기본이다. 이 책에는 나오지 않지만 일부러 마지막에 무게감 있는 액체를 넣는 경우도 있다.

만든 예 > P. 72, 73, 77, 79, 90, 110, 120 등

소스를 활용한 프로즌 음료 장식

점성이 있는 소스를 컵에 넣은 후 똑같이 점성이 있는 음료를 힘차게 부으면 매번 다른 모양으로 소스와 음료가 섞이며 그 모습 자체가 디자인이 된다. 깔끔하게 층을 만드는 것과는 대조적으로 역동적인 모양을 완성할 수 있다. 아래 사진은 소스에 프로즌 음료를 붓고 있는 모습.

만든 예 > P. 137

얼음을 사용한 연출

잘게 부순 얼음과 과일을 번갈아가며 고정시키면서 넣는 방법. 빈틈없이 채우면 과일의 층이 생겨 비주얼이 좋아진다. 과일을 고정 하기 위해 일부러 잘게 부순 얼음을 사용한다. 왼쪽 사진 처럼 사용하면 둥글게 자른 과일도 깔끔하게 보여줄 수 있다.

만든 예 > P. 103, 125, 132 등

[MEMO] 얼음에 관해서

이 책에서는 각얼음(왼쪽)과 잘게 부순 얼음(오른쪽) 이렇게 두 종류의 얼음을 사용한다. 어떤 비주얼의 음료를 만들고 싶은지에 따라 구분해서 사용한다. 각얼음은 가장 흔하게 사용하는 형태이고, 잘게 부순 얼음은 여름을 표현하는 음료에 많이 사용한다. 빨대로 빨아 먹는 토핑을 넣을 경우에는 얼음이 같이 빨려 나오기 때문에 잘게 부순 얼음은 그다지 적합하지 않다. 단, 잘게 부순 얼음은 용기에 넣는 얼음의 양이 많아지므로 그만큼 액체의 양은 줄어든다.

{ 이 책에 등장하는 음료 연출 테크닉의 예 }

[용 기 안 쪽 을 효 과 적 으 로 이 용]

타피오카로 장식

흑당 타피오카를 사용하면 흑당이 녹으면서 점성이 있는 액체가 생긴다. 컵에 타피오카를 넣고 돌리면 컵 안쪽에 이 용액의 선이 생겨 얼음과 액체를 넣은 후에도 선이 그대로 남으며 장식효과를 낼 수 있다. 흑당 타피오카 이외에도 색이 진하고 점성이 있는 액체라면 응용할 수 있다. 단, 황설탕 타피오카는 우유와 색이 비슷해 음료를 넣으면 잘 보이지 않으므로 장식효과를 내기 어렵다.

만든 예 > P. 75

소스로 장식

점성이 있는 소스를 유리잔 안쪽에 바르면 유리잔에 걸쭉한 소스의 흔적이 남아 얼음과 액체를 넣었을 때 장식효과를 낼 수 있다. 사진에서는 딸기 소스를 사용했지만 점성이 있는 소스라면 무엇이든 응용할 수 있다.

만든 예 > P. 81

향신료를 사용한 장식

유리잔 속에 향신료를 뿌리기만 하면 아래로 떨어져 버리지만 점성이 있는 소스를 먼저 넣으면 향신료가 유리잔 벽면에 붙어 얼음과 액체를 넣은 후에도 무늬처럼 남는다. 맛과 비주얼의 악센트가 된다.

만든 예 > P. 135, 137

과일 슬라이스 붙이기

과일 슬라이스를 넣으면 맛뿐 아니라 비주얼도 강조할 수 있다. 과일은 두꺼우면 잘 붙지 않으므로 얇게 잘라야 한다. 또한, 자른 단면에서 나온 과즙이 과일 표면에 남아 있으면 유리잔에 잘 붙지 않는다. 키친타월로 과즙을 닦으면 수분이 없어지면서 점성이 늘어나 잘 붙게 된다.

만든 예 > P. 98, 119

{ 이 책에 등장하는 음료 연출 테크닉의 예 }

쿠키와 크림으로 장식

완성 음료의 모습을 화려하게 만들고 싶거나 크림 샌드 초콜릿 쿠키 같은 재료의 느낌을 강하게 내고 싶을 때는 밀크 폼에 쿠키를 섞어 컵에 바른다. 액체에 쿠키를 섞으면 맛이 느끼해지지만 이 방법을 쓰면 쿠키와 크림이 컵 안쪽에만 있기 때문에 보는 것만큼 맛이 느끼해지지 않는다. 일부러 깔끔하게 바르지 않고 역동적으로 마무리하는 것이 맛있어 보이게 연출하는 포인트.

만든 예 > P. 153

폼을 올린다

음료 위에 폼이나 휘핑 크림을 올리면 화려함이 더해지고, 맛에도 변화가 생긴다. 폼은 유리잔의 테두리 라인을 따라, 가장자리부터 유리잔을 돌려가며 넣고 마지막에 가운데를 채우면 깔끔하게 완성할 수 있다. 처음부터 가운데에 폼을 채워 넣으면 가장 자리의 액체가 위로 올라와 깔끔하게 분리되지 않는다. 컵에 뚜껑을 씌우지 않는다면 폼 위에 토핑을 추가해도 좋다.

만든 예 > P. 88, 104, 106, 115, 118, 149, 151, 156, 157, 161, 165, 171, 173

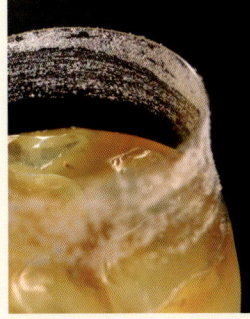

소금을 사용한 장식

소금을 유리잔의 가장자리에 바르는 장식을 바텐더의 세계에서는 '솔티 스타일'이라고 하는데 이를 차 음료에 응용한 방법이다. 레몬즙을 유리잔 가장자리에 바르면 과즙의 점성으로 소금이 붙는다. 레몬은 자른 다음 바로 사용하면 수분량이 많아 소금이 젖어 버리기 때문에 키친타월로 수분을 닦아 내고 유리잔 가장자리에 바르면 보기 좋게 소금을 붙여 완성할 수 있다.

만든 예 > P.200

차음료 기본 도구

차음료를 만들기 위해 이 책에서 사용한 기본도구를 소개합니다. 차를 우리는 주전자나 보온병 이외에도 이런 도구들이 있으면 편리합니다.

A 밀크 저그(스팀 피처)

우유를 따뜻하게 데워 그대로 커피나 홍차에 부을 때 쓰는 도구. 밀크 폼을 만들 때나 우유를 따뜻하게 데울 때, 라테 아트용 스팀 밀크를 만들 때에도 필요하며 이 책에서는 버터플라이피 밀크티(P. 83)에 사용한다.

B 셰이커

음료를 섞거나 차갑게 식힐 때 쓰는 도구. 액체와 얼음을 넣고 섞는 동작(shake)으로 공기를 넣어 음료를 부드럽게 만들면서 차갑게 식힌다. 또, 과일과 얼음을 넣고 얼음으로 과일을 으깨가며 액체로 만들 때에도 사용한다.

C 계량컵

음료를 만들 때 액체의 부피를 계량하기 위해 사용한다. 물, 차 등의 액체는 'g(무게)=ml(부피)'가 되므로 계량컵을 사용해 'g(무게)'으로 가늠해 계량할 수 있다.

D 스퀴저

레몬(작은 사이즈)이나 오렌지(큰 사이즈) 등 감귤류의 과즙을 짤 때 쓰는 도구. 적은 양의 즙을 짤 때나 주문을 받은 후 바로 만드는 음료를 만들 때 편리하다.

E 호지기(器)

호지차를 볶을 때 사용하는 다기. 음료를 만들 때 한 번 더 볶으면 구수함이 늘어나 맛있는 호지차를 우려낼 수 있다. 손잡이에 난 구멍으로 볶은 차를 꺼낸다.

F 전자 저울

이 책의 레시피는 재료를 모두 g(무게)으로 표기했기 때문에 재료의 무게를 잴 때 사용하는 전자 저울은 차 만들기에서 가장 중요하다. 0.1g 단위로 잴 수 있는 전자 저울과 수kg(킬로그램)까지 잴 수 있는 것을 준비하면 편리하다.

G 깔때기

액체 또는 가루 상태의 재료를 큰 용기에서 입구가 좁은 용기에 옮겨 담을 때 쓴다. 시럽 등을 옮겨 담을 때도 편리하다.

J 구멍 있는 국자(스키머)

시럽에 절인 상태의 타피오카를 건져 물기를 빼면서 컵에 넣을 때 사용한다. 여러 종류의 크기가 있으므로 타피오카의 양이나 컵의 크기에 따라 선택한다.

M 칵테일 머들러

과육이 부드러운 과일, 적은 양의 과일, 민트 같은 허브 등을 으깨어 갈 수 있다.

H 차 거름망

차 주전자를 사용해 차를 우릴 때 찻잎을 걸러내기 위한 체. 음료를 한 잔씩 우릴 때는 반드시 필요하다.

K 바 스푼(bar spoon)

음료를 섞을 때나 유리잔에 담긴 얼음과 재료를 섞어 차갑게 식힐 때 쓰는 도구. 스푼의 반대쪽에 있는 포크로 과일 등을 찍으면 직접 과일을 만지지 않고 유리잔에 넣을 수 있어 편리하다.

N 필러(스트레이트형, 톱날형)

칼날이 직선이거나 톱날처럼 울퉁불퉁한 것이 있다. 키위처럼 부드러운 과일은 톱날형 필러를 써야 칼날이 과육에 잘 들어간다. 식재료의 단단한 정도, 원하는 과일 모양, 장식하는 방법 등에 따라 칼날의 형태를 바꾸어 사용한다.

I 거품기

크림의 거품을 올리거나 섞을 때 사용한다. 용도에 따라 여러 종류의 크기를 준비하면 편리하다.

L 아이스크림 스쿠프

90% 정도로 단단하게 거품을 올린 휘핑 크림을 음료에 토핑할 때 사용한다. 아이스크림을 모양내어 떠 담을 때도 사용한다. 무게(g)를 재지 않고 사용할 수 있어 음료 위에 깔끔하게 장식할 수 있다.

O 스패출러

섞고, 볶고, 떠내고, 으깨는 등 만능으로 사용하는 고무 재질로 된 주걱 형태의 조리도구. 내열성이 있어 높은 온도에서 만드는 소스, 시럽, 잼 등을 만들 때에도 사용할 수 있다.

차 음료 제조에 사용하는 기계

TO GO(테이크 아웃) 중심으로 운영하는 가게에서는 주문 받은 음료를 약 5분 이내로 제공하지 않으면 고객이 불만을 제기할 가능성이 있습니다. 또, 시판 제품을 사용하면 다른 가게와 비슷한 맛이 되어 고객유치로 이어지지 않습니다. 가게만의 독창성을 음료에 더하고, 음료 제조 시간을 줄이기 위해서는 재료 준비가 중요합니다. 따라서 기계와 기구는 필수불가결한 요소입니다.

재료 준비에 품질 좋은 기계를 도입하는 것도 다른 가게와의 차별화를 꾀할 수 있는 방법입니다. 또, 유통기한이 짧아 낭비하기 쉬운 재료를 다른 형태로 가공할 수 있어 경제적으로도 도움이 됩니다.

음료를 완성하기 위해 사용하는 도구는 음료 메뉴의 폭을 넓혀 줍니다. 음료는 모양의 변화가 심해서 단시간에 만들어야 합니다. 따라서 판매를 목적으로 하는 음료를 만들고자 한다면 전용 기계나 기구를 사용하는 것이 중요합니다.

재료 준비에 사용하는 기계

착즙기
저온 저압의 압축 방식으로 영양소 손실을 줄이며 신선한 과일과 채소의 즙을 만들 수 있다. 업소용 모델은 대용량 드럼을 탑재해, 한 번에 많은 양을 착즙할 수 있어 편리하다.
사용 방법은 P. 39 참조

전동 분쇄기
기계 속 칼날이 고속 회전하여 재료를 부수고 갈고 섞어서 가루로 만든다. 딱딱한 재료를 잘게 만들 때 편리하다. 이 책에서는 피스타치오 페이스트를 만들 때 사용한다.

타피오카용 전기솥(타피오카 자Jar)
생 타피오카를 데쳐 찔 때 사용하는 전기솥. 데치고 찌
는 시간을 자유롭게 설정할 수 있다. 타피오카를 넣기
만 하면 그 다음부터는 자동으로 작동하므로 냄비에
서 삶는 기존 방식보다 준비가 간단해진다. 전기 밥솥
과 마찬가지로 조리한 후에 보온 기능으로 넘어간다.

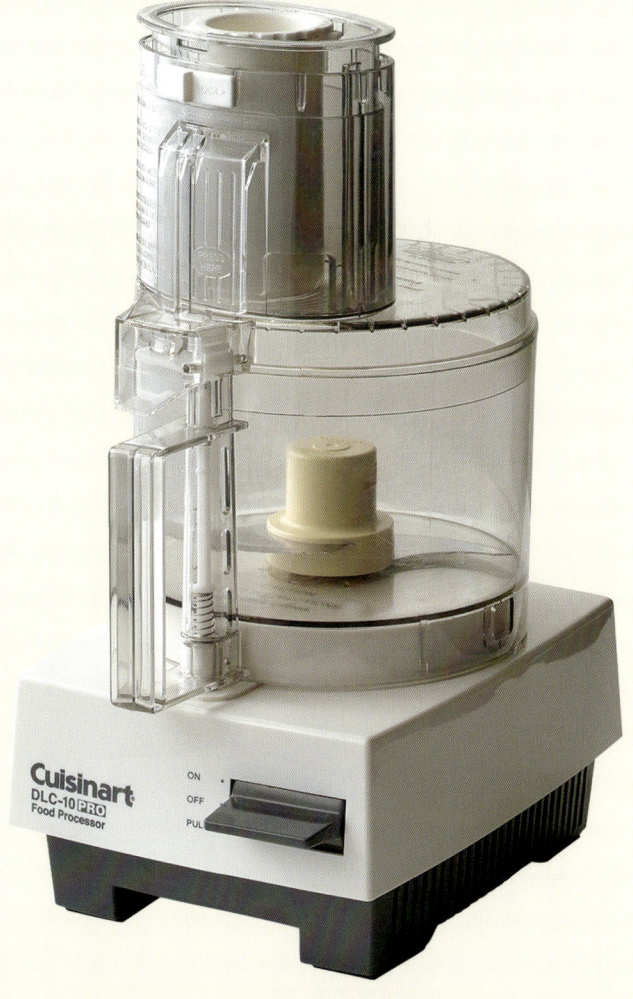

초콜릿 리파이너(melangeur)
초콜릿의 원료인 카카오빈을 갈아 으깨어 콘칭
(conching, 정련. 오랜 시간을 들여 반죽해서 부드럽게
마무리하는 작업)등을 하는 기계. 이 책에서는 검은깨
와 피스타치오를 페이스트로 만들 때 사용한다.

푸드 프로세서
재료를 잘게 자르고, 페이스트 상태로 가는 등의 밑준비
를 할 때 사용하는 기계. 블렌더와는 달리 수분이 없는
고형물을 가루 형태로 만드는 것도 가능하다.

음료 완성에 사용하는 기계

블렌더

재료를 갈아서 섞고 분쇄하는 기계. 고성능의 블렌더는 따뜻하게 데우고, 차갑게 식히는 등의 기능도 갖추고 있으며, 채소나 과일의 신선함을 해치지 않고 갈 수 있다. 만들고자하는 음료에 따라 신중히 고르는 것이 좋다.

몽블랑 프레스

약간 단단한 페이스트를 몽블랑 케이크의 장식처럼 가는 국수 모양으로 짜내는 기구. 밤, 고구마 등 사람들이 좋아하는 식재료로 만든 페이스트를 간단하게 모양내어 짤 수 있다. 고객이 보는 앞에서 음료의 마무리 장식을 할 수 있으므로 현장감을 연출할 수 있다.

다목적 블렌더

스무디용, 폼용, 찻잎용 용기(컨테이너)가 따로 구성되어 있는 차음료 가게 전용 블렌더. 찻잎용 용기(컨테이너)에 티백, 뜨거운 물, 가루 우유를 넣고 스위치를 누르기만 하면 밀크티를 완성할 수 있다. 많은 양의 차를 한 번에 미리 우려내어 사용하지 않을 때, 주문 수량이 적은 차를 바로 만들어 제공할 때 사용하는 경우가 많다.

눈꽃빙수용 빙수기

보송보송한 비주얼과 입에서 녹는 느낌이 좋은 눈꽃빙수를 1인분씩 만들 수 있다. 여름 한정 음료에 눈꽃빙수가 올라간 응용 메뉴를 만들 때 사용하면 특색 있는 음료 연출이 가능하다.

핸드믹서

크림의 거품을 올리거나 머렝을 만드는 등 액체를 골고루 섞을 때 사용하는 기계. 수작업에 필요한 품과 시간을 덜어 주어 편리하다.

나이트로 서버(니트로 서버)

질소(Nitrogen)를 사용해 미세한 거품이 이는 나이트로 콜드 브루 음료를 만드는 전용 서버로 질소 가스통은 필수이다. 가스통 주변 2m 안에는 화기엄금이며, 실내에서 사용해야 하고, 가게 밖으로 이동해서는 안된다. 사용할 때에는 안전에 주의한다.

사용하는 방법은 P. 179 참조.

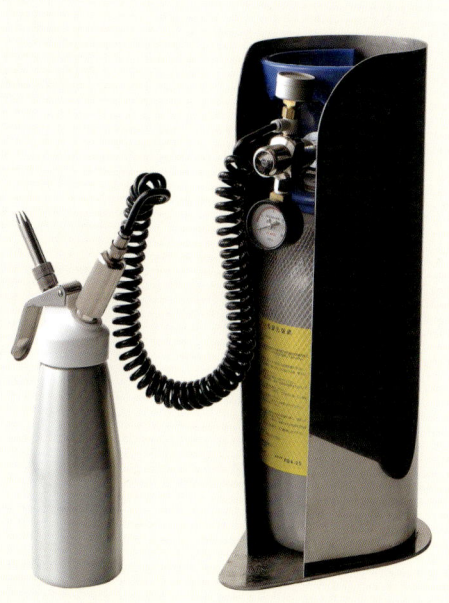

에스푸마

휘핑 사이폰에 식재료와 응고제를 넣고 아산화질소 가스(N₂O)를 첨가하면 [공기처럼 가벼운 거품] 이 만들어진다. 가스통에 연결해 사용하므로 사용할 때에는 안전에 주의해야 한다.

사용하는 방법은 P. 45 참조.

요리용 가스 토치

고온의 불꽃으로 재빠르게 식재료를 그슬릴 수 있다. 설탕 등을 단시간에 그슬려 캐러멜라이징할 수 있어 음료의 상태를 그대로 유지하면서 빠르게 완성할 수 있다.

사용하는 방법은 P. 75, 127 참조.

미니 스모커(소형 훈제기)

손쉽게 연기를 피워 음료에 향을 첨가할 수 있다. 음료마다 훈연향을 내는 나무의 종류를 바꿀 수 있고, 고객이 직접 볼 수 있는 연출로 현장감도 살릴 수 있다.

사용하는 방법은 P. 115, 197 참조

핸드 블렌더

한 손에 들고 사용할 수 있는 믹서. 섞고, 으깨고, 다지고, 거품을 내는 등 믹서와 푸드 프로세서의 기능을 모두 갖추고 있다. 이 책에서는 말차 소스와 초콜릿 소스를 만들 때 사용한다.

Chapter

2

Milk Tea

밀크티란

밀크티는 차에 우유나 두유, 아몬드 밀크 등을 넣어 만드는 음료입니다. 옛날 유라시아의 유목민은 중국에서 들여온 차에 가축의 젖을 넣어 대량으로 마시던 식습관을 가지고 있었습니다. 영국에서는 원래 약용차에 우유를 넣어 마시곤 했었지만, 교역으로 인해 차가 들어오게 되면서 현재의 밀크티가 생겼습니다. 떫은 맛 성분인 탄닌이 강한 홍차를 마시면 사람의 타액(소량의 단백질)과 탄닌이 섞여 침전하여 떫은맛으로 변합니다. 떫은맛이 나는 차는 그대로 마시기 어려울뿐더러 단백질의 소화를 방해하기도 합니다. 이런 작용을 완화하기 위해 단백질이 풍부한 우유를 넣어 마시는, 몸에 이로운 방법으로 바꾸어 갔습니다.

차는 쓴맛이 나고, 유제품은 단맛이 나므로 두 가지를 합하면 미각의 균형이 잡혀 향을 잘 느낄 수 있습니다.

영국, 중국, 대만 등에서는 밀크티를 달콤하게 만들어 마십니다. 식사 요리에 당분을 그다지 넣지 않는 지역에서는 식후 디저트나 음료로 당분을 섭취합니다. 일본에서는 밀크티에 당분을 더하지 않고 마시는 경우도 많지만, 지역에 따라서 당분의 양을 조절할 필요가 있습니다.

밀크티는 오래 전부터 지금까지, 그리고 먼 훗날까지 여전히 모두에게 사랑 받는 음료일 것입니다.

재스민차 × 우유 × 황설탕

화이트 밀크티

일반적인 밀크티보다 더 깊고 진한 하얀 색을 띠기 때문에 붙여진 이름.
마셔보면 놀라울 정도로 진한 재스민차의 꽃향이 입 속으로 퍼진다. 황설탕맛이 나는 타피오카를 사용해 맛에 개성을 더하고
식감에 힘을 주었다.

□ ICE □ HOT

재료 1잔 분량

황설탕 타피오카(P. 52) ⋯ 80g
얼음 ⋯ 적당량
우유 ⋯ 75g
재스민차(P. 27·ICE) ⋯ 100g

만드는 방법 [ICE]

1 유리잔에 황설탕 타피오카와 얼음을 넣고 우유를 붓는다.
2 ①에 재스민차를 가볍게 띄우듯 붓는다.

[HOT 음료의 경우]
컵에 황설탕 타피오카를 넣고 뜨겁게 우린 재스민차(P. 27 HOT)와 63℃로
데운 우유를 붓는다.
차가운 상태의 재스민차를 사용할 경우에는 우유와 섞어서 같이 데운다.

【MEMO】
우유에 들어 있는 칼슘과 단백질은 높은 온도에서 열변성(열에 의해 단백질의 구조
가 변하는 것)을 일으킨다. 또, 단백질 등이 열에 의해 눌으면 누린내가 생겨 풍미를
해치기 때문에 우유를 데울 때에는 적정 온도인 63℃로 맞춰야 한다.

ICE
HOT

동정우롱차 × 우유
우롱 밀크티

녹차의 풍미를 닮은 동정우롱차와 우유를 조합해 뒷맛이 깔끔하고 가벼운 느낌으로 완성한, 누구나 마시기 좋은 밀크티이다.
새하얀 음료에서 풍기는 산뜻한 향이 기분까지 좋게 한다.

재료 1잔 분량

물 … 80g
동정우롱차(찻잎) … 3g
얼음 … 적당량
우유 … 120g

만드는 방법 [ICE]

1 방금 받은 물을 끓여 85℃의 뜨거운 물을 준비한다.
2 다기에 찻잎을 넣고 ①을 부어 1분간 우린다.
3 유리잔에 얼음을 넣고 우유를 붓는다. ②를 가볍게 띄우듯 붓는다.
   [HOT 음료의 경우]
   컵에 63℃로 데운 우유를 넣고 ②를 붓는다.
   차가운 동정우롱차(P. 22·ICE)를 사용할 경우에는 우유와 섞어 같이 데운다.

ICE
HOT

말차 × 우유
말차 밀크티

쌉싸래하고 진한 맛의 말차 젤리와 우유 그리고 말차 소스로 연출한 3층의 그라데이션이 아름다운 음료이다.
한데 잘 섞어 마시면 말차 젤리가 목을 타고 내려가는 기분 좋은 느낌을 함께 즐길 수 있다.

재료 1잔 분량

말차 젤리(P. 49) ⋯ 80g
얼음 ⋯ 적당량
우유 ⋯ 80g
말차 소스(P. 33) ⋯ 20g

만드는 방법 [ICE]

1 유리잔에 말차 젤리, 얼음의 순서로 넣고 우유를 붓는다.
2 ①에 말차 소스를 가볍게 띄우듯 붓는다.
   [HOT 음료의 경우]
   컵에 63℃로 데운 우유를 넣는다.
   말차 젤리를 넣고 말차 소스를 가볍게 띄우듯 붓는다.

동정우롱차 × 우유 × 흑당

흑당 타피오카 밀크티

동정우롱차로 만든 깔끔한 밀크티에 흑당의 감칠맛이 더해진 음료이다.
진한 단맛과 매끄러운 밀크 폼이 균형 있는 조화를 이루며, 캐러멜의 쌉쌀함과 타피오카의 쫄깃한 식감까지 모두 즐길 수 있다.

ICE
HOT

재료 1잔 분량

흑당 타피오카(P. 52) … 80g
얼음 … 적당량
동정우롱차(P. 22·ICE) … 60g
우유 … 80g
밀크 폼(P. 43) … 50g
흑당 … 약간

만드는 방법 [ICE]

1 컵에 흑탕 타피오카를 넣고 컵을 눕혀서 돌려 그라데이션을 만든다(P. 60).
2 ①에 얼음을 넣고 동정우롱차와 우유를 붓고 밀크 폼을 가볍게 띄우듯 올린다.
3 표면에 흑당을 뿌리고 요리용 가스 토치로 흑당을 그슬린다(사진).

[HOT 음료의 경우]

컵에 흑당 타피오카를 넣고 뜨겁게 우린 동정우롱차(P. 22·HOT)와 63℃로 데운 우유를 순서대로 붓는다.
밀크 폼을 가볍게 띄우듯 올리고 표면에 흑당을 뿌린 다음 요리용 가스 토치로 흑당을 그슬린다(사진).
차가운 동정우롱차를 사용할 경우에는 우유와 섞어서 같이 데운다.

호지차 × 우유

호지차 밀크

구수한 호지차의 색은 연하지만, 우유에 뒤지지 않는 여운이 뒷맛으로 남는다.
호지차의 향을 살리기 위해서는 바로 볶아서 사용하고, 높은 온도에서 우려내어 진한 맛을 끌어낸다.

ICE
HOT

재료 1잔 분량

호지차(찻잎) … 3g
물 … 90g
얼음 … 적당량
우유 … 120g

만드는 방법 [ICE]

1 호지차의 찻잎을 볶는다. 호지기(焙じ器 P. 62)에 찻잎을 넣고 약불에서 흔들어
   가며 볶는다(사진). 향이 돌고 원하는 색이 나면 불을 끈다.
2 방금 받은 물을 끓인다.
3 다기에 ①을 넣고 ②를 부어 1분간 우린다.
4 유리잔에 얼음을 넣고 우유를 붓는다.
5 ④에 ③을 가볍게 띄우듯 붓는다.
   [HOT 음료의 경우]
   컵에 63℃로 데운 우유를 넣고 뜨거운 호지차(P. 25 · HOT)를 붓는다.
   차가운 호지차(P. 25 · ICE)를 사용할 경우에는 우유와 섞어서 같이 데운다.

☑ ICE ☐ HOT

현미차 × 두유
두유 현미차

콩의 단맛에 현미의 구수함이 어우러져 깊고 부드러운 맛이 난다.
쓴맛이 강하지 않고 카페인이 적게 들어 있는 순한 밀크티이다.

재료 1잔 분량

물 … 90g
현미차(찻잎) … 3g
얼음 … 적당량
두유 … 120g

만드는 방법 [ICE]

1 방금 받은 물을 끓인다.
2 다기에 찻잎을 넣고 ①을 부어 1분간 우린다.
3 유리잔에 얼음을 넣고 ②와 두유를 붓는다.

다즐링×두유

다즐링 소이 밀크티

항상 마시는 밀크티일지라도 두유를 넣어 변화를 주면 색다른 맛으로 바뀐다. 특유의 향이 강하지 않은 두유를 고르는 것이 포인트. 수확시기에 따라 변하는 다즐링의 개성도 여러 가지로 즐겨볼 것을 권한다.

재료 1잔 분량

물 … 90g

다즐링(찻잎) … 3g

얼음 … 적당량

두유 … 120g

만드는 방법 [ICE]

1 방금 받은 물을 끓여 적정 온도인 95℃로 식힌 뜨거운 물을 준비한다.

2 다기에 찻잎을 넣고 ①을 부어 3분간 우린다.

3 유리잔에 얼음을 넣고 두유를 붓는다.

4 ③에 ②를 가볍게 띄우듯 붓는다.

금훤우롱차 × 우유 × 딸기
딸기 밀크티

딸기와 우유는 익숙한 조합이지만 금훤우롱차를 베이스로 하여 만들면 산뜻한 맛의 밀크티로 변신한다.
유리잔을 장식하는 딸기 소스와 우유의 두 가지 색감이 어우러져 보기에도 화사한 음료이다.

☑ ICE ☐ HOT

재료 1잔 분량

금훤우롱차(찻잎) ⋯ 3g
물 ⋯ 90g
가루 우유 ⋯ 30g
딸기 소스(P. 38) ⋯ 50g
얼음 ⋯ 적당량

만드는 방법 [ICE]

1 티백에 찻잎을 채워 넣는다.
2 방금 받은 물을 끓여 95℃의 뜨거운 물을 준비한다.
3 다목적 블렌더에 ①과 ②를 넣고 2분간 돌려 섞은 후(사진 ❶, ❷), 가루 우유를 넣는다(사진 ❸).
4 딸기 소스로 컵을 장식하고(P. 60), 얼음을 넣고 ③을 붓는다.

【MEMO】
과일처럼 신맛이 나는 재료로 만든 소스와 우유를 섞으면 산이 우유와 반응하여 응고되며 분리된다. 따라서 이런 음료에는 가루 우유를 사용하는 게 좋다.

ICE HOT

금훤우롱차 × 아몬드 밀크

금훤 아몬드 밀크티

진한 풍미의 금훤우롱차와 아몬드 밀크를 조합하여 맛은 깔끔하고, 향은 풍부한 밀크티이다.
아몬드 밀크는 칼로리와 당질은 낮지만, 견과류 특유의 고소한 맛과 감칠맛이 풍부하다.

재료 1잔 분량

물 … 60g
금훤우롱차(찻잎) … 2g
얼음 … 적당량
아몬드 밀크 … 90g

만드는 방법 [ICE]

1 방금 받은 물을 끓여 85℃의 뜨거운 물을 준비한다.
2 다기에 찻잎을 넣고 ①을 부어 1분간 우린다.
3 유리잔에 얼음을 넣고 ②와 아몬드 밀크를 붓는다.

[HOT 음료의 경우]

컵에 금훤우롱차(P. 22·HOT)를 넣고 끓기 직전까지 데운 아몬드 밀크를 붓는다.
차가운 금훤우롱차(P. 22·ICE)를 사용할 경우에는 아몬드 밀크와 섞어서 같이
데운다.

버터플라이피 × 코코넛 밀크

버터플라이피 밀크티

버터플라이피는 태국의 카페에 가면 친숙하게 만날 수 있는 허브 중 하나이다.
고유의 선명한 색을 살려 밀크티로 만들면 푸른색과 흰색의 대비가 아름답게 돋보인다.

재료 1잔 분량

생강즙 … 5g

물 … 30g

버터플라이피(분말) … 3g

코코넛 밀크 … 140g

레몬즙 … 5g

아가베 시럽 … 10g

만드는 방법 [HOT]

1 생강을 강판에 갈아 티백에 채워 넣고 꾹 짜서 분량의 생강즙을 만든다.
   이렇게 하면 깔끔하게 즙을 짤 수 있다.

2 다기에 버터플라이피를 넣고 방금 받아 끓인 물을 부어 녹인다.

3 밀크팬에 코코넛 밀크, ①, 레몬즙을 넣고 데운다(스팀 머신을 사용할 경우
   는 코코넛 밀크 거품(폼 드 밀크)을 만든다).

4 컵에 ②와 아가베 시럽을 넣고 가볍게 섞은 후 ③을 붓는다.

[ICE 음료의 경우]

용기에 버터플라이피를 넣고 끓인 물을 부어 녹인다.

나머지 재료를 넣고 섞은 후 얼음을 채운 유리잔에 붓는다.

☑ ICE ☑ HOT

83

메뉴 기획의 발상법

메뉴를 고안 할 때에는 우선 완성된 음료의 이미지를 상상합니다. [잘 팔리는 상품] [팔고 싶은 상품] [보여주는 상품]으로 구분하는 법칙이 있는데, 고안하는 메뉴가 이중 어디에 적합한지 정하는 것이 중요합니다.

[잘 팔리는 상품]은 간판 메뉴처럼 안정적으로 잘 팔리는, 매출의 중심이 되는 상품입니다.

[팔고 싶은 상품]은 가게가 팔고 싶고, 밀고 싶은 상품입니다.

[보여주는 상품]은 눈길을 끄는 상품으로 고객의 흥미를 유발해 고객 유치로 이어지게 하는 목적을 가집니다.

만들고자하는 차음료 메뉴가 이 세 가지 중 어디에 해당하는지 생각해 분류합니다.

🌳 잘 팔리는 상품, 팔고 싶은 상품, 보여주는 상품의 요점

[잘 팔리는 상품]에 해당하는 간판 메뉴를 심플한 음료로 완성하고 싶다면, 재료의 가격과 수급을 먼저 생각합니다. 일년 내내 안정적인 가격으로, 큰 어려움 없이 구입해 사용할 수 있는 식재료를 떠올리면 메뉴의 큰 틀을 쉽게 결정할 수 있습니다. 일 년 내내 판매하기 위해서는 계절에 관계없이 균형 잡힌 맛과 향을 제공하는 음료가 이상적입니다. 이 책에서는 [밀크티]가 여기에 해당됩니다.

[팔고 싶은 상품]과 [보여주는 상품]은 계절 한정 음료인 경우가 많습니다.

[팔고 싶은 상품]에 해당하는 음료는 제철 식재료와 지역 특산물을 사용하면 쉽게 팔 수 있을 것입니다. 가게 측이 팔고 싶은 상품이므로 가격적인 면에서도 다른 가게와의 경쟁에서 이길 수 있는 가격대의 상품이 이상적입니다. 또, 네이밍도 중요한데 음료 이름이 어려우면 구매로 이어지기도 어렵습니다.

[보여주는 상품]에 해당하는 음료로는 흑당 타피오카 밀크티가 있습니다. 유행은 SNS로부터 시작되는 경우가 종종 있습니다. 따라서 사진을 찍고 싶게 만드는 비주얼의, SNS에 공유할 이미지를 염두에 둔 음료를 많이 내놓는 경향입니다. 보여주는 상품은 '한 번 사 보고 싶다'고 생각하게 만드는 화려한 비주얼이 중요하므로, 메뉴 이름이 어려워도 잘 팔리는 것이 특징입니다. 음료의 첫인상에 대한 임팩트도 중요합니다. 예를 들어, 과일이 듬뿍 들어 있거나 인기 있는 팬케이크처럼 크림이 많이 들어 있어서 '대단해!' 라고 느낄 수 있게 모양내어 음료를 담으면 효과가 있습니다.

메뉴를 만들 때에는 고객이 어떻게 마시면 좋을지를 먼저 생각해 봅니다. 완성품을 상상하고 거기서부터 거꾸로 생각해 가면 미각의 균형과 비주얼을 쉽게 완성할 수 있습니다.

🌳 계절감과 지역성

계절과 지역에 따라서 필요한 영양소나 미각이 달라집니다. 과일도 마찬가지입니다.

여름이나 겨울에는 음료를 요리나 디저트와 조합할 것인지, 아니면 음료만 단독으로 즐기게 할 것인지에 따라서도 달라집니다. 여름에는 요리나 디저트가 신선하고 산뜻한 경향이 있어 음료는 약간 진한 느낌으로 완성하면 식사와 균형이 맞습니다. 음료만 마시는 경우라면 진한 음료는 쉽게 목이 마르므로 신맛과 단맛이 나는 산뜻한 음료를 선호합니다. 겨울은 그 반대라고 생각하면 됩니다. 이 책에서는 기본적으로 음료를 단독으로 마실 때 맛있는 메뉴와 레시피를 제안하고 있습니다.

미각은 지역에 따라서도 달라집니다. 추운 지역은 염분이 많이 들어간 요리가 많아서 산뜻한 음료를 선호합니다. 더운 지역은 반대로 산뜻한 요리가 많기 때문에 진한 음료를 선호합니다.

염분은 몸을 따뜻하게 하는 효과가 있고, 당분은 몸을 단번에 연소시켜 땀을 흘리게 함으로써 몸을 식힙니다. 따라서 추운 지역이라면 너무 단 것은 선호하지 않고, 더운 지역이라면 단 것을 선호합니다. 여기서 말하는 [단맛]은 액체에 들어 있는 당분의 양이 많다는 뜻입니다. 음료는 단맛 이외에 쓴맛이나 신맛으로 균형을 맞추기 때문에 일반적인 맛으로써의 단맛이 아닌, '당분이 많은가 적은가'를 의미합니다.

염분은 몸을 따뜻하게 하기 때문에 어쩐지 더운 지역에서는 적게 먹을 것 같지만, 땀을 흘리면 염분이 몸 밖으로 빠져나가기 때문에 보충하기 위해 염분을 먹습니다. 추운 지역과 더운 지역에서 필요로 하는 염분과 당분의 절대 섭취량은 다릅니다. 예를 들어, 더운 지역에서는 수박 음료에 악센트로 소금을 넣으면 선호합니다. 추운 지역은 요리를 통해 염분을 많이 섭취하기 때문에 음료에 소금을 넣으면 선호하지 않습니다. 어떤 음료를 만들고 싶은가를 상상할 수 있으면 전체적인 균형을 쉽게 맞출 수 있습니다.

메뉴 기획의 규칙 요약

우선 완성품을 상상해 아래 세 가지 중 어디에 해당하는 지를 생각하면 순조롭게 진행할 수 있다.

잘 팔리는 상품

간판 메뉴 등 안정적으로 잘 팔리는 매출의 중심이 되는 상품

⊙ 심플한 음료
⊙ 재료 매입과 가격이 안정적인 식재료
⊙ 계절에 관계없이 균형 잡힌 음료가 이상적
⊙ 밀크티 등이 해당된다.

팔고 싶은 상품

가게가 팔고 싶은, 밀고 싶은 상품

⊙ 제철 식재료와 지역 특산물이 효과적
⊙ 계절 한정 음료가 적합하다.
⊙ 쉬운 메뉴명이 가장 중요!
⊙ 과일차 등이 해당된다.

보여 주는 상품

고객의 흥미를 끌어 고객 유치로 이어지게 하는 비주얼이 좋은 상품.

⊙ SNS에 올리기 좋은 사진을 염두에 둔 화려하고 임팩트 있는 비주얼
⊙ 메뉴 이름보다 완성 모습으로 눈길을 끈다.
⊙ 계절 한정 음료가 적합하다.
⊙ 흑당 타피오카 밀크티 등이 해당된다.

Chapter

3

Fruit Tea

과일차란

예전의 과일차는 과일주스에 차를 섞어 만드는 것이 일반적이었습니다. 현재는 과일시럽을 사용하거나 과일을 빨대로 먹을 수 있는 크기로 작게 잘라 음료를 만드는 등 여러 가지 방법으로 진화하고 있습니다.

날씨가 더운 나라에서는 차에 과일을 넣어 스무디나 프로즌 음료로 만드는 스타일도 유행하고 있습니다. 최근에는 큼직하게 자른 과일을 음료에 그대로 넣어 [먹다]+[마시다] 라는 두 가지 요소를 합친 [하이브리드 음료]도 인기를 끌고 있습니다.

사람은 3종류의 미각이 합쳐지면 맛있다고 느낍니다(자세한 내용은 54~55쪽 참조). 과일에는 단맛과 신맛, 차에는 쓴맛이 있어 이 두 가지 재료는 맛의 궁합이 아주 좋습니다. 과일에 따라 신맛이 강하기도 하고 향이 약하기도 하는 등 가지각색이므로 과일을 많이 넣기 보다는 소스나 시럽으로 맛과 향을 보완하는 것이 음료 맛의 전체적인 균형을 잡기 쉬운 방법입니다.

과일은 계절감도 느낄 수 있고 필요한 영양소를 쉽게 섭취할 수 있기 때문에 몸에도 이로운 음료를 만들 수 있는 재료입니다. 또, 차는 투명한 편이라 과일의 색을 잘 살릴 수 있다는 점이 매력적입니다. 차의 단조로운 색이 과일이 가진 자연스러운 색감과 어우러지면 음료의 색이 선명해져 메뉴의 비주얼이 좋아집니다.

Chapter 3

재스민차 × 망고

망고 재스민

달콤한 맛이 진한 망고와 재스민차는 매우 잘 어울린다. 냉동 망고를 사용하면 프로즌 음료로 만들 수 있는데 더운 시기에 마시면 상쾌한 뒷맛을 느낄 수 있다. 치즈 폼의 감칠맛이 악센트가 되는 음료이다.

재료 1잔 분량

냉동 망고 … 160g
재스민차(P. 27·ICE) … 220g
망고 소스(P. 41) … 50g
레몬 소스(P. 41) … 10g
치즈 폼(P. 44) … 50g

만드는 방법 [ICE]

1   블렌더에 망고, 재스민차, 망고 소스, 레몬 소스를 넣고 간다.
2   ①을 컵에 담고 치즈 폼을 올린다(P. 61).

백도우롱차 × 패션프루트

패션 피치 티

신맛이 나는 패션프루트와 부드러운 단맛의 복숭아가 아주 잘 어울린다.
백도우롱차의 기분 좋은 향과 패션프루트의 씨를 씹는 재미까지 모두 즐길 수 있는 음료이다.

재료 1잔 분량

패션프루트 ⋯ 1개
복숭아 소스(P. 38) ⋯ 30g
얼음 ⋯ 적당량
백도우롱차(P. 26·ICE) ⋯ 90g

만드는 방법 [ICE]

1 패션프루트를 반으로 잘라 과육을 발라 낸다.
2 유리잔에 복숭아 소스와 얼음을 넣고 백도우롱차를 부은 후 ①을 올린다.

☑ ICE　☐ HOT

89

Chapter 2

옥로 × 망고 × 패션프루트
망고 패션 그린티

옥로의 쓴맛과 패션프루트의 새콤달콤한 맛에 망고의 단맛을 악센트로 더했다.
전체를 섞어 가며 마시면 절묘한 맛의 균형을 느낄 수 있다. 연녹색의 옥로는 황색이 도는 음료에 사용하면 잘 어울린다.

재료 1잔 분량

망고 … 60g
패션프루트 소스(P. 38) … 40g
얼음 … 적당량
옥로(P. 25·ICE) … 120g

만드는 방법 [ICE]

1   망고는 사방 0.5㎝ 크기의 정육면체로 썬다.
2   유리잔에 망고, 패션프루트 소스, 얼음의 순서로 넣고 옥로를 붓는다.

☑ ICE
☐ HOT

백도우롱차 × 파파야 × 복숭아

파파야 복숭아 스무디

단맛이 강한 파파야와 복숭아는 레몬의 신맛과 조합하면 맛이 더 돋보인다. 씹는 느낌이 약간 남을 정도로 냉동 파파야를 갈아서 스무디로 만들면 산뜻하면서도 과일의 맛이 진하게 느껴지는 음료가 완성된다.

재료 1잔 분량

냉동 파파야 … 80g(약 ¼개 분량)
백도우롱차(P. 26 · ICE) … 140g
복숭아 소스(P. 38) … 40g
레몬 소스(P. 41) … 10g
레몬 슬라이스 … 1장
얼음 … 적당량

만드는 방법 [ICE]

1 블렌더에 파파야, 백도우롱차, 복숭아 소스, 레몬 소스를 넣고 파파야가 씹는 느낌이 약간 남을 정도로 가볍게 간다.
2 유리잔에 얼음을 넣고 ①을 붓는다.
3 레몬 슬라이스로 장식한다.

【MEMO】
스무디는 얼린 채소나 과일을 섞어서 간 음료를 일컫는다. 부드러운 (smooth) 식감이 좋아 스무디(smoothie)라는 이름이 붙었다고 한다.

☑ ICE ☐ HOT

버터플라이피 × 코코넛 × 레몬

코코넛 버터플라이피 레모네이드

선명한 푸른색이 눈길을 끄는 버터플라이피. 코코넛을 넣어 균형잡힌 산뜻한 맛으로 완성하면서 레몬 소스로 신맛과 단맛을 더한다. 푸른색에서 연한 자주색으로 변하는 모습까지 눈으로 즐길 수 있는 음료이다.

☑ ICE ☐ HOT

재료 1잔 분량

얼음 … 적당량
버터플라이피(P. 28 · ICE) … 40g
코코넛 워터 … 60g
레몬 소스(P. 41) … 40g

만드는 방법 [ICE]

1 유리잔에 얼음을 넣고 버터플라이피와 코코넛 워터를 붓는다.
2 작은 용기에 레몬 소스를 부어 ①과 함께 제공한다.
3 마실 때 레몬 소스를 ①에 부으면 색이 변하면서 두 개의 층이 생기고(사진 ❶, ❷) 전체를 섞으면 연한 자주색으로 변한다(사진 ❸).

옥로 × 유산균 음료 × 매실

매실 요구르트 그린티

중국과 대만에서 유행하고 있는 '요구르트'를 사용해 만든 음료이다. 요구르트의 맛과 비슷해 서로 잘 어울리는 매실을 조합하고, 쓴맛이 나는 옥로로 균형을 잡았다. 나타 드 코코의 씹는 맛이 좋은 기분까지 선사한다.

재료 1잔 분량

나타 드 코코 ⋯ 80g

얼음 ⋯ 적당량

옥로(P. 25 · ICE) ⋯ 100g

요구르트 ⋯ 137g(2개 분량)

매실 시럽(P. 41) ⋯ 30g

만드는 방법 [ICE]

1 컵에 나타 드 코코, 얼음, 옥로, 요구르트, 매실 시럽의 순서로 천천히 넣고
가볍게 섞는다.

ICE ☐ HOT

철관음 × 오렌지

오렌지 철관음 스쿼시

볶은 차의 향과 감귤류의 향이 합쳐진 듯한 풍미의 철관음은 오렌지와 조합하면 감귤향이 더 풍성해진다.
강탄산수(탄산이 강한 탄산수)와 섞어 마시면 풍부한 탄산이 입 안 가득 느껴지는 청량한 음료.

재료 1잔 분량

오렌지 슬라이스 … 3장
얼음 … 적당량
강탄산수 … 90g
철관음(P. 23·ICE) … 90g

만드는 방법 [ICE]

1 오렌지 슬라이스를 6등분해 은행잎 모양으로 자른다.
2 유리잔에 얼음과 ①을 번갈아 가며 넣고 철관음과 강탄산수를 붓는다.

다즐링 × 금귤 × 귤

귤과 금귤을 넣은 다즐링

감귤류와 다즐링은 잘 어울리는 최상의 조합이다. 과일의 섬유조직을 파괴해 진액이 잘 나올 수 있도록 귤과 금귤은 얼려서 사용한다. 귤의 단맛이 금귤의 신맛을 부드럽게 한다.

☑ ICE ☐ HOT

재료 1잔 분량

냉동 금귤 … 30g(약 3개)
냉동 귤 … 15g(약 ¼개 분량)
다즐링(P. 21 · ICE) … 45g
얼음 … 적당량
말린 금귤 슬라이스 … 1개 분량

만드는 방법 [ICE]

1 금귤은 껍질째, 귤은 껍질을 벗겨 셰이커에 넣고 칵테일 머들러로 으깬다(사진 ❶,❷).

2 ①에 다즐링과 얼음을 넣고 흔들어 섞는다.

3 유리잔에 얼음을 넣고 ②를 붓는다.

4 말린 금귤을 올려 장식한다.

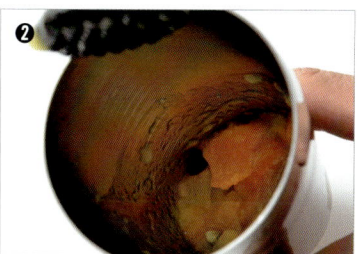

다즐링 × 귤

귤 다즐링

귤은 겨울이 제철이며 향, 단맛, 신맛, 쓴맛의 균형이 좋은 과일이다.
귤과 잘 어울리는 다즐링을 조합해 쌉쌀함을 즐기는 음료로 완성했다.

ICE

☑ ICE
□ HOT

재료 1잔 분량

귤* 슬라이스 … 1장
얼음 … 적당량
귤 시럽(P. 40) … 40g
다즐링(P. 21·ICE) … 120g

---

* 원서에는 일본 후쿠오카(福岡)현에서 많이 생산하는 작은 귤을 말하는데 껍질은 오렌지처럼 두껍고, 신 맛이 강한 오렌지 맛이 나는 품종이다. 우리나라에서는 작은 감귤류나 한라봉, 오렌지 등을 사용하면 된다.

만드는 방법 [ICE]

1 귤 슬라이스를 반으로 잘라 유리잔에 넣어 장식하고(P. 60), 얼음을 넣는다.
2 다른 용기에 귤 시럽과 다즐링을 넣고 섞어 ①에 붓는다.

다즐링 × 무화과 × 팔각

무화과 스타아니스 티

꽃향을 가진 다즐링과 바닐라 향이 나는 무화과는 최상의 궁합을 자랑한다. 여기에 스타아니스(팔각)의 자극적이고 달콤한 향을 더해 이국적인 음료로 완성했다. 달콤한 향과 함께 입안에 번지는 산뜻한 맛이 매력적인 음료.

재료 1잔 분량

다즐링(찻잎) … 4g

물 … 190g

팔각 … 1개

무화과 소스(P. 39) … 30g

만드는 방법 [ICE]

1 다기에 찻잎을 넣고 방금 받은 물을 끓여 부어 3분간 우린다.

2 컵에 ①을 붓고 팔각을 띄운 후 무화과 소스를 넣는다.

☐ ICE
☑ HOT

99

다즐링 × 자몽

자몽 젤리 다즐링

자몽의 과육을 넣어 만든 탱글탱글한 젤리의 식감을 포인트로 한 'Jelly in Tea' 스타일의 음료이다.
신맛과 쌉쌀한 맛에 자꾸 마시고 싶어진다.

재료 1잔 분량

자몽 젤리(P. 48) ··· 150g

얼음 ··· 적당량

핑크 자몽 시럽(P. 39) ··· 50g

다즐링(P. 21 · ICE) ··· 160g

만드는 방법 [ICE]

1 포크로 자몽 젤리를 잘라 컵에 넣고 얼음을 넣는다.

2 다른 용기에 핑크 자몽 시럽과 다즐링을 넣고 섞어 ①에 붓는다.

동방미인차 × 감 × 시나몬
감과 시나몬 동방미인

잘 익은 머스캣(muscat)을 연상시키는 달콤한 향의 동방미인차.
부드러운 단맛이 나는 감과 스파이시한 시나몬을 사용해 모든 재료가 조화를 이룬 깊은 맛을 끌어낸 음료이다.

재료 1잔 분량

동방미인차(찻잎) … 4g
물 … 170g
감 소스(P. 40) … 40g
시나몬 스틱 … 1개

만드는 방법 [HOT]

1 방금 받은 물을 끓여 85℃의 뜨거운 물을 준비한다.
2 다기에 찻잎을 넣고 ①을 붓는다. 1분간 우려 컵에 붓는다.
3 ②에 감 소스를 넣어 섞고 시나몬 스틱을 꽂아 장식한다.
   [ICE 음료의 경우]
   유리잔에 감 소스, 얼음의 순서로 넣고 차가운 동방미인차(P. 21·ICE)를
   붓는다. 시나몬 스틱을 꽂아 장식한다.

재스민차 × 키위 × 민트

키위 민트 재스민

달고 상큼한 향이 나는 키위 한 개를 통째로 사용해 풍성함과 청량감을 더했다.
갈아 으깬 민트와 재스민차를 조합해 꽃향 가득한 음료가 되었다.

재료 1잔 분량

민트 잎(큰 것) … 20장 정도
백설탕 … 5g
키위 … 1개
재스민차(P. 27·ICE) … 100g
얼음 … 적당량

만드는 방법 [ICE]

1   셰이커에 민트 잎과 백설탕을 넣고 칵테일 머들러로 으깬다.
2   ①에 껍질 벗긴 키위를 넣고 다시 칵테일 머들러로 으깬다.
3   ②에 재스민차와 얼음을 넣고 흔들어 섞는다.
4   유리잔에 ③을 붓는다.

☑ ICE ☐ HOT

102

얼그레이 × 석류

석류 얼그레이

투명한 붉은색이 매력적이며 새콤달콤한 석류의 과즙을 얼그레이와 조합했다.
음료를 마시면서 석류알을 씹으면 입속에서 새콤달콤함이 퍼지며 맛이 변화한다.

재료 1잔 분량

석류 시럽(P. 39) … 30g

잘게 부순 얼음 … 적당량

냉동 석류알 … 70g

얼그레이(P. 26·ICE) … 170g

만드는 방법 [ICE]

1　유리잔에 석류 시럽을 붓고 석류알의 ⅔분량을 조금씩 나눠 얼음과
　　번갈아가며 켜켜이 쌓아 넣는다.

2　①에 얼그레이를 붓고 남은 석류알을 올려 장식한다.

☑ ICE　☐ HOT

103

재스민차 × 수박 × 치즈

수박 재스민 스무디

여름 과일의 주인공인 수박은 꽃향이 나는 재스민차와 잘 어울린다.
치즈 폼 위에 핑크 솔트를 살짝 뿌리면, 음료를 섞어 마실 때 단맛, 신맛, 짠맛이 어우러져 과일의 느낌이 더욱 더 살아난다.

☑ ICE ☐ HOT

재료 1잔 분량

냉동 수박 … 160g

재스민차(P. 27·ICE) … 220g

수박 소스(P. 40) … 50g

레몬 소스(P. 41) … 10g

치즈 폼(P. 44) … 50g

핑크 솔트(가루) … 약간

만드는 방법 [ICE]

1 블렌더에 수박, 재스민차, 수박 소스, 레몬 소스를 넣고 간다.
2 컵에 ①을 붓고 치즈 폼을 컵 가장자리부터 안쪽으로 올리고(P. 61),
   핑크 솔트를 뿌려 장식한다.

동방미인차 × 포도

그레이프 동방미인

포도와 달콤한 머스캣 향이 나는 동방미인차를 조합하고, 싱싱한 포도의 껍질까지 음료에 넣으면 특유의 떫은 맛과 향이
배어나 입맛을 돋운다. 단맛이 적은 음료라 마시면 산뜻한 느낌이 입안에 확 퍼진다.

재료 1잔 분량

씨 없는 포도(적, 청) ··· 10알씩
동방미인차(P. 21 · ICE) ··· 120g
얼음 ··· 적당량
말린 포도(P. 31 · 적, 청) ··· 3알씩

만드는 방법 [ICE]

1 말린 포도를 반으로 자른다.
2 셰이커에 씨 없는 포도를 껍질째 넣고 칵테일 머들러로 으깬다.
3 ②에 동방미인차와 얼음을 넣고 흔들어 섞는다.
4 유리잔에 ③을 붓고 말린 포도를 올려 장식한다.

☑ ICE   ☐ HOT

재스민차 × 용과 × 요구르트

요구르트 폼을 올린 용과 재스민

용과의 색이 아름답게 우러나는 음료로 꽃향이 나는 재스민차와 신맛이 나는 레몬이 잘 어우러져 있다.
요구르트 폼을 올려 크리미하고 새콤달콤한 맛으로 완성했다.

재료 1잔 분량

냉동 용과(붉은 색) ··· 50g

재스민차(P. 27·ICE) ··· 120g

레몬 소스(P. 41) ··· 30g

얼음 ··· 적당량

요구르트 폼(시판 제품) ··· 50g

만드는 방법 [ICE]

1 블렌더에 용과, 재스민차, 레몬 소스를 넣고 간다.

2 유리잔에 얼음을 넣고 ①을 붓는다.

3 요구르트 폼을 유리잔 가장자리부터 안쪽으로 올린다(P. 61).

ICE □ HOT

재스민차 × 서양배

서양배 시트러스 재스민

강한 단맛과 적당한 신맛을 동시에 가진 서양배는 진한 향이 특징이다.
꽃향이 나는 재스민차와 레몬 에스푸마의 진한 신맛이 음료의 단맛을 순하게 바꾸어 준다.

재료 1잔 분량

얼음 … 적당량
재스민차(P. 27·ICE) … 120g
서양배 소스(P. 38) … 30g
레몬 에스푸마(P. 45) … 20g
레몬 필 … 약간

만드는 방법 [ICE]

1 유리잔에 얼음을 넣고 재스민차와 서양배 소스를 부어 가볍게 섞는다.
2 ①의 위에 레몬 에스푸마를 추출해 올리고 레몬 필로 장식한다.

☑ ICE ☐ HOT

☑ ICE ☐ HOT

사계춘우롱차 × 포도

포도 사계춘 스무디

화사한 꽃향과 산뜻하고 깔끔한 맛이 특징인 사계춘우롱차.
냉동 포도로 스무디를 만들면 포도의 풍미가 도드라져 균형 잡힌 맛의 음료가 된다.

재료 1잔 분량

냉동 씨 없는 청포도 ⋯ 190g
사계춘우롱차(P. 22·ICE) ⋯ 190g
레몬즙 ⋯ 5g

만드는 방법 [ICE]

1 블렌더에 포도, 사계춘우롱차, 레몬즙을 넣고 갈아 컵에 붓는다.

☑ ICE ☐ HOT

재스민차 × 리치 × 자몽

리치 자몽 재스민

단맛이 좋은 리치와 신맛과 쓴맛이 나는 자몽에 화사한 향의 재스민차를 더했다.
개성 강한 세 가지 재료가 가진 각각의 맛이 살아나며 조화를 이루는 음료이다.

재료 1잔 분량

자몽즙 ⋯ 45g
얼음 ⋯ 적당량
재스민차 (P. 27·ICE) ⋯ 45g
리치 소스(P. 38) ⋯ 30g

만드는 방법 [ICE]

1 자몽을 반으로 잘라 스퀴저로 즙을 짠다. 고운 체에 걸러 분량의 과즙을 준비한다.
2 유리잔에 얼음을 넣고 재스민차, ①, 리치 소스를 부어 가볍게 섞는다.

☑ ICE ☐ HOT

백도우롱차 × 복숭아 × 오렌지
백도 오렌지 티

정통 칵테일 퍼지 네이블(Fuzzy navel)의 차음료 버전이라고 할 수 있다.
백도우롱차를 사용해 향이 화사하고, 마시면 입안 가득 산뜻함이 느껴지는 음료이다.

재료 1잔 분량

오렌지즙 … 100g
복숭아 소스(P. 38) … 40g
얼음 … 적당량
백도우롱차(P. 26·ICE) … 60g
말린 오렌지 슬라이스 … 1장

만드는 방법 [ICE]

1 오렌지를 반으로 잘라 스퀴저로 즙을 짠다. 고운 체에 걸러 분량의 과즙을 준비한다.
2 유리잔에 복숭아 소스, 얼음, ①을 넣고 백도우롱차를 붓는다.
3 말린 오렌지로 장식한다.

ICE ☐ HOT

재스민차 × 유산균 음료 × 레몬
요구르트 재스민 레모네이드

새콤달콤한 맛이 나는 요구르트에 재스민차를 섞었다.
잘게 자른 레몬 젤리 토핑을 음료와 같이 먹으면 상큼함이 단숨에 퍼져나가 온몸에 청량감이 가득 차는 느낌이 든다.

재료 1잔 분량

얼음 … 적당량
재스민차 (P. 27·ICE) … 65g
요구르트 … 69g(1병)
레몬 소스(P. 41) … 30g
레몬 젤리(P. 48) … 80g
레몬 슬라이스(반달 썰기) … 3조각

만드는 방법 [ICE]

1 유리잔에 얼음을 넣고 재스민차, 요구르트, 레몬 소스를 부어 가볍게 섞는다.
2 포크로 레몬 젤리를 잘게 잘라 ①의 위에 봉긋하게 올리고 레몬 슬라이스로 장식한다.

111

얼그레이 × 꿀 × 레몬

허니 레몬 얼그레이

이탈리아가 원산지인 베르가못으로 향을 입혀 감귤류의 향이 나는 얼그레이에 꿀의 단맛과 레몬의 새콤함을 더해 레모네이드 맛으로 완성했다. 벌 화분(bee pollen)이 내는 독특한 식감이 기분 좋은 악센트가 된다.

ICE
HOT

재료 1잔 분량

얼그레이(P. 26 · ICE) … 110g

꿀 … 15g

얼음 … 적당량

레몬 에스푸마(P. 45) … 20g

벌 화분 … 1g

만드는 방법 [ICE]

1 용기에 얼그레이와 꿀을 넣고 잘 섞는다.

2 유리잔에 얼음을 넣고 ①을 붓는다. 레몬 에스푸마를 추출해 올리고 벌 화분을 뿌려 장식한다.

[HOT 음료의 경우]

얼그레이와 꿀을 섞어 따뜻하게 데워 컵에 붓는다.

마무리로 레몬 에스푸마를 추출해 올리고 벌 화분을 뿌려 장식한다.

민트 × 꿀 × 레몬

허니 레몬 민트

허니 레모네이드에 향이 풍부한 민트를 듬뿍 넣었다. 음료를 만들때 충분히 흔들어 섞어야 레몬의 신맛과 쓴맛이 부드러워져 마시기 좋아진다. 흔하게 조합하는 재료에 아이디어를 조금만 보태면 새로운 맛의 음료를 만들 수 있다.

재료 1잔 분량

물 … 90g
레몬 소스(P. 41) … 20g
꿀 … 15g
얼음 … 적당량
민트 잎(큰 것) … 20장 정도

만드는 방법 [ICE]

1   셰이커에 물, 레몬 소스, 꿀을 넣고 가볍게 섞은 후 셰이커를 흔들어 골고루 섞는다.
2   유리잔에 얼음을 넣고 ①을 붓는다. 민트 잎으로 장식한다.

[HOT 음료의 경우]
다기에 민트(말린 것) 3g을 넣고 끓인 물 150g을 부어 3분간 우려 컵에 붓는다.
레몬 소스와 꿀을 넣고 섞어서 완성한다.

ICE
HOT

113

동방미인차 × 풋사과 × 치즈 × 벚꽃

치즈 폼을 올린 벚나무향 사과 동방미인

꿀처럼 달콤한 향이 나는 동방미인차와 산뜻한 풋사과에 치즈 폼을 올리면 감칠맛이 더해진다.
마무리로 벚나무 훈연 향을 첨가하면 더욱 인상 깊은 어른의 음료로 변신!

☑ ICE ☐ HOT

재료 1잔 분량

얼음 … 적당량
동방미인차(P. 21·CE) … 150g
풋사과 소스(P. 38) … 50g
치즈 폼(P. 44) … 50g
벚나무 훈연칩(훈제용) … 적당량

만드는 방법 [ICE]

1 컵에 얼음, 동방미인차, 풋사과 소스를 넣고 가볍게 섞는다. 치즈 폼을 컵 가장자리부터 안쪽으로 올리고(P. 61) 돔 모양 뚜껑으로 덮는다.

2 미니 스모커(미니 훈제기 P. 67)에 튜브를 연결해 끝부분을 컵 뚜껑의 빨대를 꽂는 구멍에 넣는다(사진 ❶). 스모커 윗부분에 벚나무 훈연칩을 올리고 칩에 불을 붙인다. 잠시 후 칩이 타면서 연기가 나고 스모커 안에 연기가 쌓여간다. 튜브를 통해 이 연기를 뚜껑 속에 가득 채운다(벚나무향 연기, 사진 ❷).

3 음료를 제공할 때 컵의 뚜껑을 열면 연기가 흘러나와 특색 있는 연출을 할 수 있다.

【MEMO】
훈연칩은 벚나무 외에도 나양한 종류가 있으므로 만들고 싶은 음료의 이미지에 따라 고를 수 있다. 연기는 뚜껑을 열면 순식간에 날아가버리므로 음료 제공 직전까지 뚜껑을 닫아둘 것!

로즈메리 × 핑크 자몽

핑크 자몽 로즈메리

상쾌한 느낌의 독특한 향이 특징인 로즈메리를 가스 토치로 그슬려 유리잔에 넣고 향을 충분히 우려낸다.
자몽과 로즈메리를 조합하여 음료의 산뜻함을 두 배로 끌어 올린 음료이다.

재료 1잔 분량

로즈메리 … 2줄기
핑크 자몽즙 … 160g
얼음 … 적당량
핑크 자몽 시럽(P. 39) … 40g

만드는 방법 [ICE]

1 요리용 가스 토치로 로즈메리를 그슬려(사진 ❶), 유리잔에 넣고 접시로 덮어(뚜껑 용도, 사진 ❷), 전체를 뒤집어 둔다(사진 ❸). 이렇게 하면 로즈메리 향이 흘러나와 유리잔 속에 퍼진다.

2 핑크 자몽을 반으로 잘라 스퀴저로 즙을 짜 분량의 과즙을 준비한다.

3 ①의 유리잔에서 로즈메리를 꺼내고 얼음을 넣는다.

4 ②와 핑크 자몽 시럽을 부어 가볍게 섞는다.

5 꺼내 두었던 로즈메리로 장식한다.

ICE ☐ HOT

ICE ☑ / HOT ☐

동방미인차 × 배 × 치즈

배 치 즈 티

달콤하고 상쾌한 향이 나는 배 그리고 배와 닮은 향을 가진 동방미인차를 조합했다.
진하고 크리미한 치즈 폼과 잘 어울려, 마시는 내내 배의 개성 있는 맛이 더욱 도드라지는 음료이다.

재료 1잔 분량

냉동 배 … 70g
동방미인차(P. 21·ICE) … 70g
레몬즙 … 5g
치즈 폼(P. 44) … 50g
말린 레몬 슬라이스 … 1장

만드는 방법 [ICE]

1 블렌더에 배, 동방미인차, 레몬즙을 넣고 간다.
2 유리잔에 ①을 붓고 치즈 폼을 유리잔 가장자리부터 안쪽으로
   올리고(P. 61), 말린 레몬을 올려 장식한다.

ICE   HOT

캐모마일 × 귤
귤 캐모마일

풋사과처럼 달콤하고 부드러운 향이 나는 캐모마일과 아주 잘 어울리는 온화한 신맛이 나는 귤*을 조합했다.
달콤한 꽃향 속에 감귤의 산뜻함이 감도는 부드러운 맛의 음료.

재료 1잔 분량

귤 슬라이스 … 2장
얼음 … 적당량
귤* 시럽(P. 40) … 40g
캐모마일(P. 27·ICE) … 140g

─────────────

* 귤에 대한 설명은 98쪽 참조.

만드는 방법 [ICE]

1 유리잔에 귤 슬라이스를 넣어 장식하고(P. 60) 얼음을 넣는다.
2 다른 용기에 귤 시럽과 캐모마일을 넣고 섞어 ①에 붓는다.
   [HOT 음료의 경우]
   다기에 캐모마일(꽃차) 3g을 넣고 끓인 물 150g을 부어 3분간 우려 컵에 붓는다.
   귤 시럽을 넣고 섞은 후 귤 슬라이스로 장식한다.

타임 × 패션프루트

패션프루트 타임 소다

이국적인 과일인 패션프루트와 산뜻한 맛의 레몬이 더해져 타임의 향이 더욱 화사하게 살아나는 음료이다.
타임은 시소(차조기)과의 허브 중에서도 특히 향이 강하고 살균과 항 바이러스에 효과가 있다고 한다.

재료 1잔 분량

패션프루트 … 1개
패션프루트 소스(P. 38) … 30g
얼음 … 적당량
레몬 슬라이스(반달 썰기) … 6조각
타임 … 5~6줄기
강탄산수… 100g

만드는 방법 [ICE]

1 패션프루트를 반으로 잘라 과육을 발라내어 유리잔에 넣고 패션프루트 소스를 붓는다.
2 ①의 유리잔에 얼음, 레몬 슬라이스, 타임을 번갈아가며 넣는다.
3 강탄산수를 붓는다.

ICE □ HOT

민트티 × 키위 × 파인애플

키위 파인애플 민트

청량감이 좋은 민트티에 잘게 자른 파인애플과 키위를 듬뿍 넣었다. 열대 과일의 진한 향과 풍성한 과일의 맛을 고스란히 느낄 수 있는 음료이다.

재료 1잔 분량

키위 … 1개
파인애플 … 50g
파인애플 소스(P. 40) … 20g
얼음 … 적당량
민트티(P. 27·ICE) … 150g

만드는 방법 [ICE]

1 껍질 벗긴 키위와 파인애플을 사방 0.5㎝ 크기의 정육면체로 썬다.
2 유리잔에 파인애플 소스를 넣고 ①의 ⅔분량을 조금씩 나눠 얼음을 번갈아 가며 모두 넣는다.
3 민트티를 붓고 남은 ①의 과일을 올려 장식한다.

히비스커스 로즈힙 × 꿀 × 포도

그레이프 히비스커스 로즈힙

신맛이 강한 히비스커스 로즈힙은 꽃에서 채집한 꿀과 아주 잘 어울린다.
산뜻함과 은은한 단맛을 느낄 수 있는 포도가 이 음료의 악센트!

ICE
HOT

재료 1잔 분량

물 … 150g
히비스커스 로즈힙(꽃차) … 3g
씨 없는 포도(적, 청) … 10알
꿀 … 5g

만드는 방법 [HOT]

1 방금 받은 물을 끓여 95℃의 뜨거운 물을 준비한다.
2 다기에 꽃차를 넣고 ①을 부어 3분간 우린다.
3 컵에 반으로 자른 포도를 넣고 ②를 붓는다. 꿀을 넣고 섞는다.

[ICE 음료의 경우]

유리잔에 반으로 자른 포도와 얼음을 넣는다.
다른 용기에 ②를 붓고 꿀을 넣어 섞은 다음 유리잔에 붓는다.

HYBRID

재스민차 × 망고

망고 재스민

재스민차에 큼직하게 자른 망고를 그대로 넣어 만든, 마시면서 먹는 하이브리드 음료이다.
망고를 으깨가며 먹으면 망고의 진한 맛과 재스민차의 향이 어우러지며 서로의 맛과 향을 더욱 이끌어낸다.

재료 1잔 분량

망고 … 150g
얼음 … 적당량
재스민차(P. 27·ICE) … 150g
망고 소스(P. 41) … 35g

만드는 방법 [ICE]

1 망고를 한입 크기로 자른다.
2 컵에 얼음, 재스민차, 망고 소스 30g을 넣고 가볍게 섞는다.
3 ②에 ①을 올려 장식하고 망고 소스 5g을 뿌려 완성한다.

☑ ICE ☐ HOT

HYBRID

옥로 × 수박

수박 그린티

마시면서 먹는 하이브리드 음료의 수박 버전이다. 옥로에는 강한 감칠맛 성분인 테아닌이 풍부하게 들어 있어 수박의
단맛을 한결 돋보이게 한다.

재료 1잔 분량

수박 … 120g
얼음 … 적당량
수박 소스 (P. 40) … 30g
옥로(P. 25·ICE) … 120g

만드는 방법 [ICE]

1 수박 껍질을 잘라 내고 0.5㎝ 두께의 길쭉한 반달 모양으로 썬다.
   유리잔에 수박과 얼음을 넣는다.
2 다른 용기에 수박 소스와 옥로를 넣고 가볍게 섞어 ①에 붓는다.

동정우롱차 × 파인애플 × 나타 드 코코

파인 코코 동정우롱차

난꽃의 향이 나며 녹차에 가까운 동정우롱차는 달콤한 향의 파인애플, 코코넛 향의 나타 드 코코와 아주 잘 어울린다. 파인애플과 나타 드 코코를 활용해 개성있는 식감으로 완성한 음료이다.

재료 1잔 분량

파인애플 … 100g

얼음 … 적당량

동정우롱차(P. 22·ICE) … 200g

나타 드 코코 … 60g

만드는 방법 [ICE]

1 파인애플은 껍질을 벗겨 큼직하게 자른다.

2 유리잔에 ①과 얼음을 번갈아가며 넣고 동정우롱차를 붓는다.

3 ②에 나타 드 코코를 올려 장식한다.

☑ ICE ☐ HOT

125

HYBRID

밀크티 × 바나나 × 휘핑 크림

캐러멜 바나나 밀크티

화려한 비주얼로 새롭게 연출한 과일 밀크티! 바나나를 동그랗게 모양 낸 다음 설탕을 뿌려 캐러멜라이징 하여 음료 위에 올렸다. 구운 바나나향과 캐러멜의 식감이 단맛 속에서 생생하게 살아난다.

재료 1잔 분량

바나나 … 7알(약60g)

얼음 … 적당량

베이스 밀크티(아래 참조·ICE) … 200g

휘핑 크림(P. 43) … 50g

카소나드 설탕* … 적당량

―――――――――――

* 사탕수수 100%의 프랑스산 황설탕.

만드는 방법 [ICE]

1 과일 볼러로 바나나를 동그랗게 떠낸다. 알루미늄 포일 위에 바나나를 올려 카소나드 설탕을 뿌리고 요리용 가스토치로 그슬려 캐러멜라이징 한다(사진 ❶, ❷).

2 유리잔에 얼음을 넣고 밀크티를 붓는다. 짤주머니에 휘핑 크림을 넣고 짜서 올린다.

3 ②의 위에 ①을 올려 장식한다.

[베이스 밀크티]

재료 약 1kg 완성 분량

떫은 맛과 쓴맛이 나고, 향이 강한

발효차의 찻잎 … 36g

(우바*1, 아삼, 금훤우롱차, 동정우롱차,

호지차, 현미차, 보이차*2, 재스민차 등)

물(연수) … 300g

우유 … 900g

―――――――――――

*1 세계 3대 홍차 중 하나. 진한 향, 산뜻하고 깊은 떫은 맛, 감칠맛이 모두 나므로 밀크티에 적합하다.

*2 미리 세차(P. 23) 과정을 끝낸다.

만드는 방법

1 냄비에 물과 찻잎을 넣고 불에 올려 끓인다.

2 ①이 끓으면 약불로 줄여 처음의 1/2분량이 될 때까지 졸여 불을 끈다.

3 우유를 넣고 섞어 체에 걸러 용기에 붓는다.

【MEMO】

· 우유와 잘 어울리도록 하기 위해 차를 끓여 쓴맛과 떫은 맛을 추출한다.

· 완성한 밀크티는 냉장 보관하고 6시간 이내에 모두 사용한다.

· HOT 음료로 만들 경우는 따뜻하게 데워서, ICE 음료의 경우는 얼음을 넣은 용기에 부어서 제공한다.

HYBRID

다즐링 × 감귤류

콰트로 시트러스 다즐링

쓴맛, 신맛, 단맛이 나는 4종류의 감귤류를 조합하여 균형 잡힌 맛으로 완성한 음료이다.
마실 때 감귤류와 잘 어울리는 다즐링의 향이 화사하게 퍼진다.

재료 1잔 분량

레몬 슬라이스 ⋯ 3장
라임 슬라이스 ⋯ 4장
오렌지 ⋯ 1개
금귤 ⋯ 4개
얼음 ⋯ 적당량
다즐링(P. 21·ICE) ⋯ 200g

만드는 방법 [ICE]

1 레몬과 라임 슬라이스는 각각 4등분해 은행잎 모양으로 썬다(사진, 이하
　 동일).
2 오렌지는 속껍질을 벗기고 과육만 발라 낸다.
3 금귤은 길이로 4등분해 웨지모양으로 썬다.
4 ①, ②, ③을 섞어 컵에 얼음과 번갈아가며 넣고 다즐링을 붓는다.
　 이렇게 과일을 잘라 넣으면 차에 과즙이 잘 추출된다.

동정우롱차 × 파인애플 × 사과 × 키위

파인애플 키위 애플 우롱

식이섬유와 칼슘, 비타민 등이 들어 있는 과일과 차를 조합하여 만든 건강 음료이다.
말린 과일을 사용하면 응축된 과일의 감칠맛이 차에 녹아 들어 한결 깊은 맛이 나는 음료를 만들 수 있다.

재료 1잔 분량

동정우롱차 (P. 22·ICE) … 360g
말린 파인애플 … 10g
말린 사과 … 10g
말린 키위 … 10g

만드는 방법 [ICE]

1   음료용 팩에 모든 재료를 넣고 가볍게 흔들어 섞는다.
    【MEMO】
    파인애플은 식이섬유, 칼슘, 칼륨 외에도 신진대사를 활발하게 해주고 몸이
    쉽게 피로하지 않게 하는 비타민B1과 비타민B2를 함유하고 있다. 사과는 식
    이섬유와 셀룰로오스를 함유해 정장작용과 피로회복에 효과가 있다고 한다.
    키위도 비타민C, 식이섬유, 칼륨, 비타민E 등의 영양소가 풍부하다.

ICE ☑ HOT ☐

로즈메리 × 베리류
로즈메리 믹스 베리 티

물에 과일과 허브를 넣은 디톡스 워터인데 음료를 즐긴 후 과일까지 먹을 수 있는 일석이조의 건강 메뉴이다.
식품 건조기를 사용해 40℃의 저온으로 말려 영양소가 손상되지 않은 과일을 넣어 만든다.

재료 1잔 분량

재료 1잔 분량
로즈메리 … 1줄기
말린 블루베리 … 10g
말린 라즈베리 … 10g
말린 딸기 슬라이스 … 10g
물 … 370g

만드는 방법 [ICE]

1 뚜껑 있는 컵(병)에 모든 재료를 넣고 가볍게 흔들어 섞는다.

【MEMO】
라즈베리에는 생활습관병 예방에 효과적인 칼륨과 빈혈예방에 효과적인 엽산이 들어 있고, 블루베리에는 폴리페놀의 일종인 안토시아닌이 들어 있어 눈의 피로를 풀어주는 데 효과적이다.

동방미인차 × 과일 × 화이트 와인

티 상그리아

동그랗게 떠낸 과일을 화이트 와인 시럽에 절이면 선명한 색감이 살아나며 한결 화사한 느낌이 난다.
여러 가지 과일의 풍부한 맛과 차의 마리아주로 즐기는 무 알코올 상그리아.

ICE ☐ HOT

재료 1잔 분량

배 … 4알
수박 … 4알
서양배 … 4알
키위 … 4알
용과(붉은색) … 4알
망고 … 4알
사과 … 4알
화이트 와인 시럽 … 적당량
잘게 부순 얼음 … 적당량
동방미인차(P. 21·ICE) … 100g

만드는 방법 [ICE]

1 배, 수박, 서양배, 키위, 용과, 망고, 사과는 모두 과일 볼러로 동그랗게 4알씩 떠낸다.
2 뚜껑 있는 용기에 ①의 과일을 넣는다. 화이트 와인 시럽을 과일이 살짝 잠길 정도로 붓는다(사진 ❶). 이때 용과처럼 색이 빠지기 쉬운 과일은 다른 과일에 색이 번지지 않도록 다른 그릇에 따로 담아 절인다. 뚜껑을 덮어 냉장실에 넣어 반나절 동안 절인다(사진 ❷).
3 ②를 체에 받쳐 가볍게 물기를 뺀다.
4 유리잔 바닥에 배를 넣는다. 사이 사이 얼음을 넣어가며 수박, 서양배, 키위, 용과, 망고, 사과의 순서로 쌓아 넣는다(P. 59).
5 동방미인차를 붓는다.

[화이트 와인 시럽]

화이트 와인(과일 향이 나는 타입) … 200g
백설탕 … 100g

1 냄비에 화이트 와인을 넣고 중불에서 끓여 처음의 ½분량이 될 때까지 졸여 알코올을 날린다.
2 백설탕을 넣어 녹인다.
3 불에서 내려 얼음을 넣은 볼 위에 올려 식힌다.

재스민차 × 망고 × 스파이스
망고 티네이드

미국 서해안 지역에서 즐겨 마시는 과일 스파이스 음료의 티 버전으로 재스민차를 사용해 화사한 향을 더했다.
차모이 소스의 새콤달콤함과 스파이스의 매콤한 맛이 조화를 이루며 새로운 맛으로 탄생!

☑ ICE ☐ HOT

재료 1잔 분량

차모이 소스(P. 35) … 35g
타힌 시즈닝* … 1g + 약간(마무리용)
재스민차(P. 21·ICE) … 110g
냉동 망고 … 50g
망고 소스(P. 41) … 50g
얼음 … 적당량
망고 … 70g

---

* Tajin seasoning. 세 종류의 칠리 가루, 분말 라임 주스, 소금을 섞어 만든 멕시코의 유명한 시즈닝 스파이스 파우더. 맛을 보면 신맛, 짠맛, 매운맛, 라임맛 순서로 느껴지고 매운 고추향과 톡 쏘는 라임향이 난다. 육류 요리, 샐러드, 채소, 과일, 아이스크림, 음료(칵테일) 등 거의 모든 음식에 활용하는 멕시코의 국민 조미료.

만드는 방법 [ICE]

1 망고는 한 입 크기로 썬다.
2 유리잔에 차모이 소스 30g을 뿌려 장식하고 타힌 시즈닝 1g을 뿌려 묻힌다(P. 60).
3 블렌더에 재스민차, 냉동 망고, 망고 소스를 넣고 간다.
4 ②의 유리잔에 얼음을 넣고 ③을 붓는다.
5 한 입 크기로 자른 망고를 ④에 올려 장식하고 마무리용 차모이 소스 5g과 타힌 시즈닝 약간을 차례로 뿌린다.

옥로 × 수박 × 스파이스

워터멜론 티네이드

수박에 새콤달콤한 차모이 소스와 산미가 있는 스파이스를 조합했다. 더운 여름날 마셔보면 자꾸만 생각나고, 계속 마시고 싶어 지는 음료이다. 수박을 과감하게 음료에 올린 것이 포인트로 과일 그대로 베어 먹어도 좋고 음료에 섞어도 좋다.

재료 1잔 분량

차모이 소스(P. 35) … 30g

타힌 시즈닝* … 1g + 약간(마무리용)

옥로(P. 25 · ICE) … 110g

냉동 수박 … 50g

수박 소스(P. 40) … 50g

얼음 … 적당량

수박 슬라이스(부채꼴) … 100g

* 135쪽 참조

만드는 방법 [ICE]

1 유리잔에 차모이 소스를 뿌려 장식하고 타힌 시즈닝 1g을 뿌려 묻힌다(P. 60).

2 블렌더에 옥로, 냉동 수박, 수박 소스를 넣고 간다.

3 ①의 유리잔에 얼음을 넣고 ②를 붓는다.

4 수박 슬라이스를 빨대에 꽂아 ③에 장식한다. 그 위에 마무리용 타힌 시즈닝 약간을 뿌린다.

☑ ICE ☐ HOT

동정우롱차 × 파인애플 × 스파이스

프로즌 스파이시 티네이드

파인애플에 살구 베이스의 차모이 소스를 조합하고, 꽃향과 허브의 청량감이 느껴지는 동정우롱차를 넣어 전체적인 맛을 조화롭게 정리했다. 열대지방의 진한 소스가 음료에 걸죽한 느낌을 더한다.

V ICE □ HOT

재료 1잔 분량

차모이 소스(P. 35) … 35g

타힌 시즈닝* … 1g + 약간(마무리용)

동정우롱차(P. 22·ICE) … 150g

냉동 파인애플 … 100g

파인애플 소스(P. 40) … 50g

얼음 … 200g

파인애플 슬라이스(반달 모양) … 100g

* 135쪽 참조

만드는 방법 [ICE]

1 컵에 차모이 소스 30g을 붓고 타힌 시즈닝 1g을 뿌린다.

2 블렌더에 동정우롱차, 냉동 파인애플, 파인애플 소스, 얼음을 넣고 갈아 컵에 붓는다.

3 자른 파인애플 슬라이스를 빨대에 꽂아 ②에 장식한다. 마무리용 차모이 소스 5g과 타힌 시즈닝 약간을 순서대로 뿌린다.

ICE □ HOT

금훤우롱차 × 딸기 × 스파이스
스트로베리 티네이드

달콤한 겨울 딸기에 새콤달콤한 차모이 소스를 섞으면 산뜻한 맛의 음료가 완성된다.
단맛과 매콤한 맛이 균형을 잡으며 입안에 향긋함과 화사함이 퍼져 나간다.

재료 1잔 분량

딸기(백, 적) … 2개씩
금훤우롱차(P. 22·ICE) … 150g
냉동 딸기 … 100g
딸기 소스(P. 38) … 30g
얼음 … 100g
차모이 소스(P. 35) … 20g
민트 잎 … 약간

만드는 방법 [ICE]

1 하얀 딸기, 빨간 딸기는 꼭지를 떼고 각각 길이로 반 자른다.
2 블렌더에 금훤우롱차, 냉동 딸기, 딸기 소스, 얼음을 넣고 갈아 컵에 붓는다.
3 ②에 ①을 올려 장식하고 차모이 소스를 뿌린다.
4 민트 잎을 올려 장식한다.

계절 상품 아이디어

사계절이 뚜렷한 지역일수록 계절에 따라 여러 행사가 열립니다. 그에 맞추어 다양한 추천 메뉴를 제안하기 좋은 환경이라고 할 수 있습니다. 우선 각각의 시기에 어떤 제철 재료가 있는지를 이해하고, 어떻게 사용하고 싶은지를 생각해 완성 음료의 이미지를 만듭니다.

계절 음료 상품 기획의 흐름

① 어떤 음료를 만들지 이미지화 하고, 음료를 제공하고 싶은 시기를 생각한다. 팔고 싶은 상품(가게에서 팔고 싶은 상품 = 가게가 밀고 싶은 음료)과 보여주는 상품(고객의 흥미를 유발하는, 눈길을 끄는 상품 = 고객을 유치하는 음료)중 어떤 것으로 할지 선택한다.
② 어떤 식재료를 사용할 것인가, 그 식재료는 제철 재료인가를 생각한다.
③ 제철 재료와 잘 어울리는 차(茶)를 고른다.
④ 타깃이 되는 고객층을 생각한다. 그 타깃에 맞는 단맛의 강약, 음료의 양 등을 선택한다.
⑤ 재료를 구성한다.

①~⑤를 종이에 순서대로 적어가며 진행하면 쉽게 완성할 수 있다.

계절마다 열리는 행사에서 아이디어를 얻기 위한 힌트

⇨ 봄의 경우

- **계절** 벚꽃이 피어 추운 겨울이 끝났음을 알린다. 여러 봄꽃이 피고, 따뜻하고 기분 좋은 날이 찾아올 것을 생각하고 봄다운 느낌을 이미지화 한다.
- **이미지 색** 어린 잎 등 부드럽고 따뜻한 색인 노랑, 초록, 분홍 등 부드러운 톤.
- **이벤트** 벚꽃놀이, 화이트 데이, 졸업식, 입학식, 새학기, 입사 등.

⇨ 여름의 경우

- **계절** 따뜻한 봄날씨에서 장마를 거쳐 더운 나날들이 계속되고, 초록이 우거진다.
- **이미지 색** 파랑, 노랑, 빨강 등의 선명한 톤, 푸른색 계열 모두.
- **이벤트** 해수욕장 개장, 해수욕, 칠월칠석, 여름 축제, 불꽃놀이, 여름방학, 수영장, 물놀이 등

계절 음료 발상의 예

여름에 제공하고 싶은 음료를 생각한다. 왼쪽의 [계절 음료 상품 기획의 흐름]의 ①~⑤를 적용시켜 간다.

① 더운 여름철에 어울리는 선명한 색감과 산뜻한 맛, 비주얼이 좋은 음료.

② 여름이 제철인, 여름 하면 바로 떠오르는 수박을 사용.

③ 수박과 잘 어울리는 옥로나 재스민차를 사용.

- 쓴맛이 적고 단맛과 진한 감칠맛이 나는 옥로에 수박의 은은한 신맛과 단맛을 합치면 미각의 3요소(P. 54~55 참조)가 맞아 맛있게 균형을 잡을 수 있다. 또, 옥로의 해조류를 닮은 향*은 바다 냄새를 맡았을 때 소금맛을 느끼는 것 같은 인상도 있어, 수박에 소금을 뿌려 먹을 때 달게 느끼는 향의 이미지와 겹친다.
- 꽃향의 재스민차가 수박의 상쾌한 맛과 잘 어울리고, '여름다움'을 느끼게 한다.
- 옥로와 재스민차는 수색(水色)이 연하므로 수박의 색을 변화시키지 않고 살릴 수 있다.

④ SNS에 올릴 사진을 찍을 것 같은 젊은 세대, 음료를 들고 다니며 마시는 세대. 18~23세 정도의 여성을 타깃으로 결정.

⑤ 이상의 요소를 종합해 [수박 재스민 스무디]처럼 비주얼이 좋은 음료를 만드는 것이 좋겠다는 아이디어에 도달했다. 비슷한 음료로 '워터멜론 티네이드'도 있지만, 신맛이 약간 강해서 젊은 세대는 시다고 느낄 가능성이 있어 후보에서 제외했다.

＊ 옥로는 차광막으로 밭을 덮어 직사광선을 차단하는 복하재배(覆下栽培)라는 방법을 쓰기 때문에 떫은 쓴맛 성분인 카테킨이 억제되고 아미노산은 늘어나 해조류의 향과 감칠맛이 난다고 한다.

⇨ 가을의 경우

- **계절** 여름이 끝나고 푸르렀던 나뭇잎들이 붉게 물들고 선선해진다. 수확과 풍요의 기쁨으로 충만한, 풍성한 결실의 계절.
- **이미지 색** 단풍이나 가을이 제철인 식재료를 보면 떠오르는 갈색 계통의 색조.
- **이벤트** 운동회, 학교 축제, 단풍놀이, 핼러윈 데이, 추석, 추수, 달맞이, 소풍 등

⇨ 겨울의 경우

- **계절** 가을이 끝나 추워지고 앙상해진 나무들이 만드는 환상적인 겨울 풍경. 하지만 추운 날씨에도 크리스마스나 따끈한 냄비 요리 등으로 따뜻함을 느낄 수 있는 계절이기도 하다.
- **이미지 색** 추위를 연상시키는 하얀색, 검은색 등의 차분한 색조와 따뜻한 계열의 색조.
- **이벤트** 크리스마스, 연말, 새해, 설날, 밸런타인 데이 등.

Chapter

4

Sweets Tea

스위츠 티란

타피오카 밀크티의 붐과 함께 차음료의 새로운 장르로 [스위츠 티]가 생겼습니다. 디저트처럼 달콤한 맛이 나며 포만감을 주는 음료를 '스위츠 음료'라고 부르는데 그 중에는 [마시다]+[먹다]라는 두 가지 요소를 합친 [하이브리드 음료]도 있습니다. 하이브리드 음료의 [마시면서 먹다]라는 변화는 새로운 발견으로, 앞으로 더욱 더 진화될 가능성을 내포하고 있습니다. 이런 스위츠 음료 중에 차를 베이스로 한 것이 바로 [스위츠 티]입니다.

차는 향이 섬세하기 때문에 강한 향이나 맛이 나는 섞는 재료, 소스, 시럽과는 잘 어울리지 않습니다. 그러나 차의 특징을 이해하고 선택하면 잘 어울리는 조합을 찾을 수 있습니다.

스위츠 티는 젊은 세대의 지지를 유난히 많이 얻고 있습니다. 요즈음의 젊은 세대는 맛이 섬세한 '디저트'를 오히려 잘 먹지 않습니다. 쓴맛, 신맛을 강하게 느끼는 미각을 가지고 있어(자세한 내용은 10~11 쪽 참조) 알아채기 쉬운 단맛이 나는 상품을 선호하는 경향이 있기 때문입니다. 유행을 만드는 SNS세대는 어른의 미각과는 취향이 다릅니다. 음료가 단지 달기만 하면 호불호가 갈리지만, '스위츠'로써 즐길 수 있게 만들면 세대에 따른 위화감도 줄어들게 됩니다.

스위츠 티는 용기에 어떻게 모양내어 담느냐에 따라 얼마든지 화려하게 비주얼을 연출할 수 있습니다. SNS에 올리고 싶은 욕구를 불러 일으키는, 새로운 붐을 만들 가능성이 높은 것도 스위츠 티의 매력입니다.

HYBRID

재스민차 × 수박 × 빙수

수박 눈꽃빙수 재스민

재스민차 위에 수박 과즙으로 만든 눈꽃빙수를 올린 음료로 빙수를 녹여 가며 과일차로 만들어 마실 수도 있다.
[차를 마시다]+[눈꽃빙수를 먹다]의 두 가지 요소를 합한 하이브리드 음료이다.

☑ ICE ☐ HOT

재료 1잔 분량

재스민차(P. 27·ICE) … 150g
수박 눈꽃빙수 … 적당량
얼음 … 적당량

[수박 눈꽃빙수 약 500g]

수박즙 … 400g
백설탕 … 100g
레몬즙 … 5g

1 수박 껍질을 벗겨 착즙기에 넣어 즙을 짜 분량
   의 과즙을 준비한다.
2 블렌더에 수박 과즙, 백설탕, 레몬즙을 넣고 갈
   아서 용기에 넣어 얼린다.
3 평균 사용기한은 냉동 보관하면 약 1개월.

만드는 방법 [ICE]

1 유리잔에 얼음을 넣고 재스민차를 붓는다.
2 눈꽃빙수용 빙수기계(P. 66)에 얼린 수박즙을 넣고 ①위에 수박
   눈꽃빙수를 산봉우리 모양으로 봉긋하게 갈아 올린다.

얼그레이 × 오렌지 × 빙수

오렌지 눈꽃빙수 얼그레이

감귤류의 베르가못 향이 나는 얼그레이에 같은 감귤류인 오렌지로 만든 눈꽃빙수를 올린 음료이다.
여름에 어울리는 상큼한 맛으로 완성했다.

ICE □ HOT

재료 1잔 분량

얼음 … 적당량
얼그레이(P. 26·ICE) … 200g
오렌지 눈꽃빙수 … 적당량
말린 오렌지 슬라이스 … 1장

[**오렌지 눈꽃빙수 약 500g**]

오렌지 즙 … 400g
백설탕 … 100g

* P. 147의 수박 눈꽃빙수 만드는 방법과 동일하다.
단, 레몬즙은 넣지 않는다.

만드는 방법 [ICE]

1 유리잔에 얼음을 넣고 얼그레이를 붓는다.
2 눈꽃빙수용 빙수기계(P. 66)에 얼린 오렌지즙을 넣고 ①위에 오
   렌지 눈꽃빙수를 산봉우리 모양으로 봉긋하게 갈아 올린다.
3 말린 오렌지를 올려 장식한다.

말차 × 우유 × 화이트 초콜릿
화이트 쇼콜라 말차

말차의 쓴맛과 화이트 초콜릿의 달콤한 맛은 아주 잘 어울리는 단골 조합 중의 하나이다.
밀크 폼과 말차 초콜릿을 올리면 '스위츠' 느낌이 더해진다.

재료 1잔 분량

우유 … 140g
말차 소스(P. 33) … 20g
화이트 초콜릿 소스(P. 34) … 20g
얼음 … 적당량
밀크 폼(P. 43) … 50g
말차 초콜릿(잘게 다진다) … 10g
말차 가루 … 약간

만드는 방법 [ICE]

1 블렌더에 우유, 말차 소스, 화이트 초콜릿 소스를 넣고 갈아서 얼음 넣은 유리잔에 붓는다.
2 밀크 폼을 유리잔 가장자리부터 안쪽으로 올리고(P. 61), 말차 초콜릿을 토핑으로 올린다.
3 말차 가루를 뿌린다.

[HOT 음료의 경우]

우유, 말차 소스, 화이트 초콜릿 소스를 섞어 따뜻하게 데워 컵에 붓는다.
밀크 폼과 말차 초콜릿을 올리고 말차 가루를 뿌린다.

ICE
HOT

149

□ ICE
☑ HOT

말차 × 우유 × 연유
진한 말차 우유

우유와 연유를 섞어 매우 진한 우유 느낌이 나도록 완성했다! 말차의 쓴맛과 연유의 달콤한 맛이 균형을 이루어 맛은 진하지만 단 맛이 강하지는 않은 음료이다. 칡가루로 걸쭉함을 더해 매끄러운 식감을 느낄 수 있다.

재료 1잔 분량

우유 … 120g
연유 … 20g
말차 소스(P. 33) … 20g
칡가루 … 10g

만드는 방법 [HOT]

1 냄비에 재료를 모두 넣고 골고루 섞어 불에 올린다.
2 약불에서 걸쭉해질 때까지 따뜻하게 데워 컵에 붓는다.

밀크티 × 생 캐러멜
캐러멜 밀크티

감칠맛과 짭짤한 맛을 가진 치즈 폼이 고소하면서도 은은한 쓴맛이 나는 생 캐러멜의 맛을 더욱 돋보이게 한다.
치즈 폼, 생 캐러멜과 잘 어울리는 밀크티를 베이스로 한 음료라 모든 재료가 조화롭게 어우러진다.

재료 1잔 분량

얼음 … 적당량
밀크티* (P. 127·ICE) … 130g
생 캐러멜 소스(P. 34) … 30g
치즈 폼(P. 44) … 50g
피스타치오(잘게 다진다) … 2.5g
아몬드(잘게 다진다) … 2.5g

* 이 음료에 추천하는 찻잎은 우바, 아삼.

만드는 방법 [ICE]

1 유리잔에 얼음을 넣고 밀크티와 생 캐러멜 소스를 부어 섞는다.
2 치즈 폼을 유리잔 가장자리부터 안쪽으로 올리고(P. 61), 피스타치오와 아몬드를 뿌려 장식한다.
    [HOT 음료의 경우]
    밀크티와 생 캐러멜 소스를 섞어 따뜻하게 데워 컵에 붓는다.
    치즈 폼을 올리고 피스타치오와 아몬드를 뿌린다.

밀크티 × 크림 샌드 쿠키 × 바닐라 아이스크림

오레오 바닐라 밀크티

블랙 코코아로 만든 크림 샌드 쿠키의 쌉싸래함이 밀크티의 부드러운 맛과 잘 어울린다.
아이스크림으로 바닐라 향을 더하고 토핑으로 올린 쿠키의 바삭바삭한 식감까지 즐기며 맛볼 수 있는 음료이다.

▼ ICE □ HOT

재료 1잔 분량

크림 샌드 쿠키(오레오) … 30g

밀크 폼(P. 43) … 80g

밀크티(P. 127·ICE) * … 130g

바닐라 아이스크림 … 50g

얼음 … 적당량

---

* 이 음료에 추천하는 찻잎은 우바, 아삼, 호지차

만드는 방법 [ICE]

1 식품보존용 지퍼백에 크림 샌드 쿠키를 담고 밀대로 두드려 잘게 부순다(사진❶). 이렇게 하면 과자 부스러기를 흘리지 않고 깔끔하게 작업할 수 있다.

2 밀크 폼 30g과 ①의 쿠키 20g을 볼에 넣고 고무주걱으로 섞는다 (사진❷).

3 컵 안쪽의 벽면에 숟가락으로 ②를 바른다(사진❸).

4 블렌더에 밀크티와 바닐라 아이스크림을 넣고 간다.

5 ③에 얼음을 넣고 ④를 붓는다. 토핑용 밀크 폼 50g을 올리고 ①의 남은 크림 샌드 쿠키 10g을 올린다.

밀크티 × 검은깨 × 찹쌀 경단
찹쌀 경단 검은깨 밀크티

검은깨를 매끄러운 페이스트 형태로 만들어 음료에 넣으면 고소한 향이 풍성하게 퍼진다.
앙금과 경단을 섞어가며 먹는 화과자(和菓子) 느낌의 독특한 음료이다.

ICE
HOT

재료 1잔 분량

찹쌀 경단(白玉) … 60g
검은깨 앙금 … 50g
얼음 … 적당량
밀크티* (P. 127·ICE) … 190g
휘핑 크림(P. 43) … 50g
검은깨 페이스트(P. 46) … 10g
검은깨 … 약간

---

* 이 음료에 추천하는 찻잎은 우바, 아삼, 호지차

[검은깨 앙금 110g]

고운 팥앙금 … 100g
검은깨 페이스트(P. 46) … 10g

1 용기에 재료를 넣고 섞는다.
  평균 사용기한은 냉장 보관하면 2~3일.

만드는 방법 [ICE]

1 유리잔에 찹쌀 경단, 검은깨 앙금, 얼음의 순서로 넣고 밀크티를 붓는다. 짤주머니에 휘핑 크림을 넣고 짜서 올린다.
2 소스통에 검은깨 페이스트를 넣어 ①의 표면에 지그재그로 선 모양을 그리듯이 짜서 올린다.
3 검은깨를 뿌린다.
   [HOT 음료의 경우]
   찹쌀 경단과 검은깨 앙금을 섞어 컵에 넣는다.
   컵에 따뜻하게 데운 밀크티를 붓고 휘핑 크림을 올린다.
   소스통에 검은깨 페이스트를 넣어 모양내어 짜서 올리고 검은깨를 뿌린다.

밀크티 × 고운 팥앙금 × 콩가루

단팥 타피오카 밀크티

밀크티에 고운 팥앙금을 조합했다. 치즈 폼의 짭짤한 맛이 단맛을 끌어올리고, 검은콩 가루가 감칠맛을 더해준다.
찹쌀 경단 대신 타피오카를 넣어서 더 쫄깃쫄깃한 식감을 느낄 수 있다.

ICE HOT

재료 1잔 분량

고운 팥앙금 … 50g

흑당 타피오카(P. 52) … 80g

얼음 … 적당량

밀크티 * (P. 127·ICE) … 150g

치즈 폼(P. 44) … 50g

검은콩 가루 … 2g

---

* 이 음료에 추천하는 찻잎은 우바,
아삼, 호지차

만드는 방법 [ICE]

1   컵에 고운 팥앙금과 흑당 타피오카를 넣고 섞는다.
2   ①에 얼음을 넣고 밀크티를 붓는다.
3   치즈 폼을 컵 가장자리부터 안쪽으로 올리고(P. 61), 검은콩 가루를 뿌린다.

   [HOT 음료의 경우]
   컵에 [ICE] 과정의 ①을 넣고 따뜻하게 데운 밀크티를 붓는다.
   치즈 폼을 올리고 검은콩 가루를 뿌린다.

백도우롱차 × 딸기 × 벚꽃

벚꽃 딸기 백도우롱

은은한 벚꽃향, 딸기의 새콤달콤함, 백도우롱차의 산뜻한 향을 모두 합쳤다.
소금 밀크 폼이 벚꽃 젤리의 달콤함을 돋보이게 한다.

재료 1잔 분량

벚꽃 젤리(P. 49) … 60g
딸기 소스(P. 38) … 30g
얼음 … 적당량
백도우롱차(P. 26·ICE) … 180g
소금 밀크 폼(P. 43) … 50g
딸기 초콜릿(다진다) … 10g
벚꽃 크런치* … 2g

* 벚꽃, 벚꽃잎 등을 페이스트 상태로
가공해 착향, 착색한 후 말려서 분쇄
한 것. 새콤달콤한 맛이 나고 초콜릿
에 섞거나 파르페, 음료 등의 토핑으
로 사용한다.

만드는 방법 [ICE]

1 유리잔에 벚꽃 젤리와 딸기 소스를 넣는다.
2 ①에 얼음을 넣고 백도우롱차를 붓는다.
3 소금 밀크 폼을 컵 가장자리부터 안쪽으로 올리고(P. 61), 딸기 초콜
   릿과 벚꽃 크런치를 토핑으로 올린다.

▼ ICE □ HOT

밀크티 × 생크림 × 맛밤

몽블랑 라테

몽블랑과 밀크티를 호화롭게 조합한 음료. 몽블랑 속 밤의 단맛이 밀크티의 맛을 부드럽게 해준다.
'마시고, 먹고, 섞어서 녹여가며 마시는' 음료로 다양한 맛의 변화가 먹는 내내 즐거움을 준다.

∨ ICE □ HOT

재료 1잔 분량

얼음 ⋯ 적당량
밀크티* (P. 127·ICE) ⋯ 180g
휘핑 크림(P. 43) ⋯ 50g
맛밤 몽블랑 페이스트 ⋯ 50g
맛밤(굵게 다진다) ⋯ 2개

---

* 이 음료에 추천하는 찻잎은 우바, 아삼, 호지차

[맛밤 몽블랑 페이스트 약 430g]

맛밤 ⋯ 300g
백설탕 ⋯ 30g
럼 에센스 ⋯ 1g
생크림(유지방 함량 42%) ⋯ 100g

1 전자레인지에 맛밤을 넣고 가볍게 데워, 푸드 프로세서에 백설탕, 럼 에센스와 함께 넣고 분쇄한다(사진 ❶❷).
2 잘게 분쇄한 후 생크림을 조금씩 넣어가며 매끄러워질 때까지 간다(사진 ❸❹).
   • 평균 사용기한은 냉장 보관하면 약 2~3일.

만드는 방법 [ICE]

1 유리잔에 얼음을 넣고 밀크티를 붓는다. 짤주머니에 휘핑 크림을 넣고 돔 모양으로 짜서 올린다.
2 몽블랑 프레스(P. 66)에 맛밤 몽블랑 페이스트를 넣고 ①의 위에 모양내어 짠다(아래 사진).
3 ②의 위에 다진 맛밤을 올려 장식한다.

얼그레이 × 피스타치오 × 럼 레이즌

피스타치오 럼 레이즌 얼그레이

럼에 절인 향기로운 건포도를 올려 호화로운 이미지로 연출했다.
고소한 피스타치오와 베르가못 향의 얼그레이를 조합해 풍부하고 깊은 맛이 나는 어른을 위한 음료.

재료 1잔 분량

럼 레이즌(P. 53) ⋯ 20g+ 3알(토핑용)
럼 레이즌 절임액 ⋯ 10g
얼음 ⋯ 적당량
얼그레이(P. 26 · ICE) ⋯ 160g
피스타치오 크림 폼(P. 43) ⋯ 50g

만드는 방법 [ICE]

1. 유리잔에 럼 레이즌, 럼 레이즌 절임액, 얼음, 얼그레이의 순서로 넣는다.
2. ①에 피스타치오 크림 폼을 컵 가장자리부터 안쪽으로 올리고(P. 61), 토핑용 럼 레이즌 3알을 올려 장식한다.

[HOT 음료의 경우]

다기에 얼그레이(찻잎) 3g을 넣고 끓인 물 150g을 부어 3분간 우려 컵에 붓는다.

럼 레이즌과 럼 레이즌 절임액을 넣고 피스타치오 크림 폼을 올린다. 럼 레이즌을 올려 장식한다.

ICE
HOT

보이차 × 우유 × 초콜릿

보이차 코코아 라테

보이차는 말린 과일처럼 달콤하면서도 흙을 연상시키는 향을 가지고 있다.
그윽한 보이차의 맛이 초콜릿에 깊이를 주고, 우유가 모든 재료를 한데 모아 부드러운 맛으로 정리한다.

ICE
HOT

재료 1잔 분량

밀크 푸딩(P. 50) ⋯ 80g

초콜릿 소스(P. 33) ⋯ 20g

얼음 ⋯ 적당량

보이차 밀크티(P. 127·ICE) ⋯ 150g

휘핑 크림(P. 43) ⋯ 50g

만드는 방법 [ICE]

1 컵에 밀크 푸딩을 넣고 그 위에 초콜릿 소스 15g을 뿌린다.

2 ①에 얼음, 보이차 밀크티의 순서로 넣고 그 위에 휘핑 크림을 올린다. 소스통에 토핑용 초콜릿 소스 5g을 넣어 지그재그로 선 모양을 그려 장식한다.

[HOT 음료의 경우]

컵에 밀크 푸딩을 넣고 초콜릿 소스 15g과 따뜻하게 데운 보이차 밀크티를 붓는다.

휘핑 크림을 올리고 초콜릿 소스 5g을 짜서 장식한다.

호지차 × 고운 팥앙금 × 휘핑 크림
찹쌀 경단을 올린 호지차 단팥 라테

구수한 호지차, 쫄깃한 식감의 찹쌀 경단, 팥앙금은 화과자(和菓子)에서 빼놓을 수 없는 단골 조합이다.
휘핑 크림의 유지방으로 부드러움이 더해져 찹쌀 경단 크림 안미츠* 같은 맛으로 완성!

재료 1잔 분량

찹쌀 경단 … 8개(약60g)

고운 팥앙금 … 30g

얼음 … 적당량

호지차(P. 25·ICE) … 100g

휘핑 크림(P. 43) … 50g

호지차 파우더 … 약간

만드는 방법 [ICE]

1 별도의 용기에 찹쌀 경단, 토핑용 고운 팥앙금 20g을 넣고 섞는다.

2 유리잔에 고운 팥앙금 10g, 얼음, 호지차의 순서로 넣고 짤주머니에 휘핑 크림을 넣고 짜서 올린다.

3 ②의 위에 ①을 토핑으로 올리고 호지차 파우더를 뿌린다.

[HOT 음료의 경우]

컵에 고운 팥앙금 10g을 넣는다.

호지차(찻잎) 3g에 끓인 물 150g을 부어 1분간 우려 컵에 붓는다.

휘핑 크림, [ICE] 과정 ①의 순서로 올려 장식하고 호지차 파우더를 뿌린다.

* 일본 화과자의 한 종류. 작은 그릇에 한천 젤리와 삶은 붉은 완두콩, 팥앙금, 과일, 경단 등을 넣고 시럽, 아이스크림, 휘핑 크림 등을 곁들인다.

ICE

HOT

현미차 × 통팥 앙금 × 커스터드

현미차 단팥 밀크티

구수한 향이 나는 현미와 통팥 앙금에 커스터드 폼을 조합해 감칠맛을 살렸다.
말랑말랑한 규히(求肥)*와 오도독 씹히는 현미의 두 가지 식감을 즐길 수 있어 토핑이 돋보이는 음료.

ICE
HOT

재료 1잔 분량

통팥 앙금 … 40g
얼음 … 적당량
현미차 밀크티(P. 127·ICE) … 150g
커스터드 폼(P. 44) … 90g
규히 … 10개
현미(볶은 것) … 약간

---

* 찹쌀가루에 설탕이나 물엿을 넣고 만들어
쫄깃하고 매끄러운 식감의 달콤한 반죽으로
주로 화과자를 만들 때 사용한다.

만드는 방법 [ICE]

1 유리잔에 통팥 앙금, 얼음을 넣고 현미차 밀크티를 붓는다.
2 ①의 위에 커스터드 폼을 유리잔 가장자리부터 안쪽으로 올린다(P. 61).
3 ②의 표면에 반은 규히, 나머지 반은 볶은 현미를 올려 토핑한다.

[HOT 음료의 경우]

컵에 통팥 앙금을 넣고 따뜻하게 데운 현미 밀크티를 붓는다.
커스터드 폼을 올리고 표면의 반은 규히, 나머지 반은 볶은 현미를
토핑으로 올린다.

얼그레이 × 코코넛 × 과일 × 타피오카

베트남 스타일 티

베트남의 로컬 디저트 '체che'를 응용해 차음료로 만들었다. 코코넛 밀크는 매끄러운 액상 타입을 사용하는 것이 이 음료의 포인트이고, 코코넛 파인을 듬뿍 뿌려 향과 식감을 더욱 풍부하게 만든다.

재료 1잔 분량

딸기 … 60g
파인애플 … 60g
얼그레이 시럽(P. 37) … 50g
얼음 … 적당량
코코넛 밀크 … 150g
황설탕 타피오카(P. 52) … 60g
코코넛 파인* … 2g

＊코코넛 가루. 없다면 코코넛 슬라이스를 곱게 분쇄하여 사용하면 된다.

만드는 방법 [ICE]

1 딸기는 꼭지를 떼고 길이로 2등분하고, 파인애플은 사방 2cm 크기의 정육면체로 자른다.
2 유리잔에 얼그레이 시럽을 붓고 얼음과 ①을 번갈아가며 넣는다.
3 ②에 코코넛 밀크를 붓고 황설탕 타피오카를 올린다. 코코넛 파인을 뿌려 장식한다.

[HOT 음료의 경우]

코코넛 밀크, 얼그레이 시럽을 섞어 따뜻하게 데워 컵에 붓고, 과일과 황설탕 타피오카를 넣는다. 과일은 오렌지나 바나나 등 따뜻하게 데워도 맛있는 것이 적합하다.

금훤우롱차 × 화이트 초콜릿 × 치즈

금훤우롱 초콜릿 치즈 티

우유 같이 달콤한 향과 깔끔한 뒷맛이 특징인 금훤우롱차로 밀크티를 만들었다.
치즈 폼과 화이트 초콜릿을 섞어 디저트 느낌이 나는 음료이다.

재료 1잔 분량

치즈 폼(P. 44) ··· 40g

초콜릿 소스(P. 33) ··· 15g

얼음 ··· 적당량

금훤우롱 밀크티(P. 127·ICE) ··· 180g

화이트 초콜릿 소스(P. 34) ··· 30g

만드는 방법 [ICE]

1 치즈 폼과 초콜릿 소스 10g을 가볍게 섞어 마블 무늬를 만든다.

2 유리잔에 얼음을 넣고 금훤우롱 밀크티와 화이트 초콜릿 소스를 부어 가볍게 섞는다.

3 ②에 ①을 올리고 초콜릿 소스 5g을 뿌린다.

☑ ICE ☐ HOT

ICE

HOT

호지차 × 스파이스 × 초콜릿
칠리 초콜릿 호지차

여러 가지 스파이스를 섞어 만든 칠리 시럽은 모든 재료가 어우러진 깊고 풍부한 향이 특징이다.
초콜릿과 볶은 호지차의 향이 섞여 구수함이 더해진 어른을 위한 초콜릿 음료이다.

재료 1잔 분량

호지차(P. 25·ICE) ··· 160g

칠리 시럽(P. 35) ··· 20g

초콜릿 소스(P. 33) ··· 20g

시치미토가라시(七味唐辛子)* ··· 한 자밤

---

* 고추에 후추, 진피, 양귀비, 삼 씨앗, 산초, 파래 등 총 7
가지 재료를 섞어 만든 일본의 조미료. 줄여서 시치미(일
곱가지 맛)라고 부르기도 한다.

만드는 방법 [HOT]

1 냄비에 시치미토가라시를 제외한 모든 재료를 넣고 중불에 올린다.
끓기 직전까지 따뜻하게 데워 컵에 붓는다.

2 시치미토가라시를 뿌린다.

   [ICE 음료의 경우]

   유리잔에 차가운 호지차, 칠리 시럽, 초콜릿 소스, 얼음의 순서로 넣고
   가볍게 저어 섞는다. 시치미토가라시를 뿌린다.

금횐우롱차 × 라즈베리 × 초콜릿 × 피스타치오

피스타치오 라즈베리 초콜릿 티

금횐우롱차의 우유 같은 느낌, 라즈베리의 새콤달콤함, 초콜릿의 쌉싸래함이 어우러지며 깔끔하게 균형 잡힌 맛을 낸다.
피스타치오 페이스트를 올려 음료에 감칠맛까지 더했다.

재료 1잔 분량

초콜릿 소스(P. 33) … 15g

금횐우롱차(P. 22 · ICE) … 100g

라즈베리 소스(P. 39) … 20g

얼음 … 적당량

휘핑 크림(P. 43) … 50g

피스타치오 페이스트(P. 46) … 5g

피스타치오 … 1알

만드는 방법 [ICE]

1 유리잔에 초콜릿 소스와 얼음을 넣는다.

2 별도의 용기에 금횐우롱차와 라즈베리 소스를 넣고 섞어 ①에 붓는다.

3 짤주머니에 휘핑 크림을 넣고 ②의 위에 짜서 올린다.

4 소스통에 피스타치오 페이스트를 넣어 음료 위에 짜서 올린 다음
   피스타치오를 올려 장식한다.

영덕홍차 × 고구마 × 치즈 × 꿀
군고구마 치즈 꿀 홍차 스무디

고르곤졸라 치즈로 만들어 '어른의 맛'이 나는 치즈 폼, 치즈와 궁합이 좋은 꿀, 꿀처럼 달콤하고 진한 향의 영덕홍차를 한데 섞었다. 고르곤졸라 치즈를 좋아하는 사람이라면 중독될 수밖에 없는 음료.

ICE HOT

재료 1잔 분량

우유 … 120g
군고구마 페이스트(냉동) … 60g
영덕홍차 시럽(P. 36) … 35g
꿀 … 5g
얼음 … 60g
고구마 타피오카(P. 53 고구마 맛) … 70g
고르곤졸라 치즈 폼(P. 44) … 50g

만드는 방법 [ICE]

1 블렌더에 우유, 냉동 군고구마 페이스트, 영덕홍차 시럽 30g, 꿀, 얼음을 넣고 간다.
2 다른 용기에 고구마 맛 고구마 타피오카와 영덕홍차 시럽 5g을 넣고 섞어서 유리잔에 넣는다.
3 ②에 ①을 붓고 고르곤졸라 치즈 폼을 유리잔 가장자리부터 안쪽으로 올린다(P. 61).

[군고구마 페이스트 약 360g]

고고구미   300g
백설탕 … 15g
럼 에센스* … 5g
• 생크림(유지방 함량 42%) … 50g

1 푸드 프로세서에 군고구마, 백설탕, 럼 에센스를 넣고 간다.
2 잘게 분쇄한 후 생크림을 조금씩 넣어가며 매끄러워질 때까지 간다.
    • 평균 사용기한은 냉장보관 하면 약 2~3일, 냉동보관 하면 1개월.

───────────

* 풍미를 더하는 럼 에센스 대신 럼 익스트랙을 써도 된다. 쉽게 구할 수 있는 럼레진도 사용 가능한데 단맛이 더 강한 편이니 맛을 보고 양을 조절한다.

영덕홍차 × 자색 고구마 × 치즈

자색 고구마 홍차 스무디

자색 고구마 타르트처럼 진하고 깊은 맛이 나는 음료가 영덕홍차, 치즈 폼과 만나 한결 다양한 맛으로 태어났다. 자색 고구마 페이스트는 시판 제품에 생크림, 설탕, 럼주를 넣어 더욱 풍성한 맛으로 만들었다. 가지각색의 식감을 한 번에 즐길 수 있는 음료이다.

☑ ICE ☐ HOT

재료 1잔 분량

우유 … 120g
자색 고구마 페이스트(냉동) … 60g
영덕홍차 시럽(P. 36) … 35g
얼음 … 70g
고구마 타피오카(P. 53 자색 고구마 맛) … 70g
자색 고구마 페이스트 … 50g
치즈 폼(P. 44 단단하게 거품 올린 것) … 50g

[자색 고구마 페이스트 약 350g]

자색 고구마 페이스트(시판 제품, 냉동) … 200g
백설탕 … 100g
생크림(지방 함량 42%) … 85g
럼주 … 5g

1 냄비에 모든 재료를 넣고 중불에 올려 섞어가며 따뜻하게 데운다.
2 걸쭉해지면 불을 끄고 식혀 푸드 프로세서에 넣어 매끄러워질 때까지 간다.
 • 평균 사용기한은 냉장보관 하면 약 2~3일, 냉동보관 하면 1개월.

만드는 방법 [ICE]

1 블렌더에 우유, 냉동 자색 고구마 페이스트, 영덕홍차 시럽 30g, 얼음을 넣고 간다.
2 별도의 용기에 자색 고구마 맛 고구마 타피오카와 영덕홍차 시럽 5g을 넣고 섞어서 컵에 넣는다.
3 ②에 ①을 붓고 치즈 폼을 컵 가장자리부터 안쪽으로 올린다(P. 61).
4 몽블랑 프레스(P. 66)에 자색 고구마 페이스트를 넣고 ③의 위에 모양내어 짠다.

요리와 차음료의 마리아주(Mariage)

차음료와 요리 그리고 차음료와 디저트의 마리아주(잘 어울리는 조합)는 사실 꽤 오래 전부터 있어 왔습니다. 요리와 차음료의 마리아주라면 우선 식사를 맛있게 하기 위한 음료의 기능을 생각하고, 전체적인 향과 미각의 균형을 잡아가면서 음료의 양(量)까지 생각해야 합니다.

레스토랑 등에서는 식후에 커피나 홍차, 따끈한 차를 제공하고 있습니다. 그 이유는 음료에 들어있는 카페인에 스트레스 완화 효과가 있기 때문입니다. 식사 중의 스트레스는 식후에 그런 음료들을 마심으로써 완화됩니다.

마리아주 못지않게 음료의 효능도 아주 중요합니다. 예를 들어, 우롱차는 기름과 지방을 유화시키는 역할을 하기 때문에 입안의 느끼함을 줄여주는 효과가 있다고 합니다. 또, 차에 들어있는 폴리페놀의 한 종류인 카테킨이 뱃속에서 유화한 기름에 흡착해 이를 분해합니다. 이로써 지방분은 몸에 흡수되지 않고 몸 밖으로 배출된다고 합니다. 레드 와인에 들어있는 것과 같은 폴리페놀 성분이 우롱차에도 들어 있습니다. 그래서 지방분이 들어 있는 고기나 생선 요리 등 기름기가 많은 것은 우롱차와 잘 어울립니다.

기름을 사용하는 요리가 많은 중국에서는 우롱차를 마셔 균형을 잡는 것 이외에 핑거볼(식사 중에 식탁에서 손가락을 씻기 위한 용기) 속에 넣는 액체로도 우롱차를 사용하는 경우가 많습니다.

🍃 우선 향부터, 다음은 맛 그리고 양

마리아주를 생각할 때는 우선 주가 되는 요리와 음료의 향이 비슷하거나 요리와 음료가 서로를 돋보이게 할 수 있는 향을 떠올려봅니다.

닮은 것을 조합하면 상승효과가 생겨 보다 맛있게 느껴집니다. 단, 같은 요소라도 서로의 주장이 너무 강하면 균형이 무너지므로, 주요한 요리보다는 향과 맛이 약한 것을 조합하여 음료를 만들면 서로 잘 어울릴 수 있습니다. 예를 들어, 레몬향이 은은한 요리에는 감귤류의 향이 나는 얼그레이 등을 조합하면 레몬향이 강해져 요리가 한결 맛있게 느껴지는 식입니다.

반대로 생각하는 방법으로는 요리에 부족한 향과 맛을 채우거나 완전히 다른 향과 맛을 가진 음료를 조합해 주요리를 돋보이게 하는 것입니다.

고기 요리에는 산미가 있는 소스를 많이 사용합니다. 그런 고기 요리에 신맛이 나는 종류의 차음료를 곁들이면 끝까지 맛있게 고기 요리를 먹을 수 있습니다. 향을 이해하면 그만큼 마리아주의 폭도 넓어집니다.

다음은 맛을 고려하는 방법입니다. 미각으로 느끼는 단맛, 매운맛, 쓴맛, 신맛, 감칠맛은 서로 균형이 맞으면 '맛있음'을 더 잘 느낄 수 있게 됩니다.

단것에는 단맛을 순화하는 쓴맛이나 신맛을, 감칠맛을 돋보이게 하려면 단맛이나 쓴맛 등을 조합하는 식으로, 주요리와 음료의 미각 균형을 잡습니다. 미각의 논리에 관해서는 [향·맛·식감의 미각 균형을 잡는 방법(54~55쪽 참조)]을 참고하시기 바랍니다.

향과 미각을 조합했으면 양을 생각합니다. 음식의 양에 맞춰서, 먹는 것과 마시는 것이 동시에 끝날 수 있는 양으로 준비합니다. 예를 들어, 주요리의 양이 많으면, 그에 맞춰서 음료의 양도 많아집니다. 그럴 경우, 음료는 산뜻하게 완성하는 것이 좋습니다. 주요리의 맛이 진하고 양이 적은 경우는 진하고 양이 적은 음료를 곁들입니다.

🌳 TPO에 맞는 제안을

음료는 어디까지나 보조적인 존재로 요리나 디저트, 장소, 분위기, 대화, 음악, 시간 등 여러 가지의 TPO(Time, Place, Occasion)에 맞춰서 제안하는 것이 이상적입니다.

여름이라면 산뜻하고 양이 많은 음료를 선호할 것 같지만, 실제로 식후에 마시는 음료로는 진한 맛을 선호합니다. 그 이유는 여름 요리는 산뜻한 맛으로 완성하는 것이 많기 때문입니다. 따라서 식후에는 정반대의 음료를 마셔야 전체적으로 식사에 대한 만족감이 높아집니다.

상황과 요리를 이해하면 다양한 마리아주를 제안할 수 있습니다. 마리아주는 이 두 가지를 아는 것에서부터 시작한다고 해도 과언이 아닙니다. 식사의 시작부터 음료를 다 마시는 순간까지를 상상해보면 더 적절한 차음료를 만들 수 있습니다.

지금 젊은 세대를 중심으로 알코올을 즐기지 않는 인구가 늘고 있어, 그런 층을 위해 술집이나 술자리에서 알코올을 대신할 음료로 새로운 소프트 드링크의 수요가 생기고 있습니다. 차음료도 그런 수요를 만족시킬 수 있는 것으로써 새로운 가능성을 내포하고 있습니다.

175

Chapter

5

Others

기타 차음료에 대해서

커피, 티 시럽, 채소 등 여러 가지 섞는 재료를 조합해 완성한, 다양함이 넘치는 차음료들이 있습니다. 이번 장에서는 여러 가지 주재료로 만드는 차음료를 [기타 차음료]로 묶어 소개합니다.

예를 들어, 홍콩에는 커피에 홍차, 무가당 연유 등을 넣어 섞어 마시는 '원앙차(鴛鴦茶)'라는 음료가 있습니다. 서로 어울리지 않을 것 같아 보이는 커피와 홍차일지라도 섞는 방법에 따라 충분히 맛있어질 수 있다는 것을 보여주는 좋은 예입니다.

녹차의 쓴맛과 아마자케*의 단맛도 서로 잘 어울립니다. 아마자케는 쌀누룩으로 만들기 때문에 녹차와 밥이 잘 어울리는 것을 생각하면, 아마자케와 녹차의 궁합이 좋은 것도 쉽게 이해할 수 있을 것입니다. 아마자케는 쌀보다 달기 때문에 쓴맛이 강한 말차와도 잘 어울립니다.

차음료는 차를 베이스로 하는 것이 일반적이지만, 차의 보존성을 높이고 음료의 맛을 진하게 하기 위해 찻잎을 시럽으로 만든 [티 시럽]을 사용하는 것도 한 가지 방법입니다. 과일즙이나 우유, 탄산수를 베이스로 하여 만드는 음료에 티 시럽을 넣는 것만으로도 맛있는 차음료를 만들 수 있습니다.

채소 등은 착즙기로 즙을 짜 체에 걸러 순수한 액체로 만들어 사용하면 채소의 단맛과 향을 그대로 느낄 수 있는 깔끔한 맛의 음료로 변신합니다.

TPO(Time, Place, Occasion)를 생각해, 어떤 환경에서 어떤 고객이 마실지를 상상하면 그에 적절한 음료를 만들 수 있습니다. 여러 가지 섞는 재료의 종류는 아직도 무궁무진해, 데일리 드링크 메뉴의 응용 가능성에는 끝이 없습니다.

---

* 쌀누룩으로 만든 일본의 전통 발효 음료.

재스민차 × 레몬

나이트로 재스민 레모네이드

재스민차와 레몬을 조합하면 떫은 맛이 강해지지만, 질소(Nitrogen)를 첨가하면 떫은 맛을 순하게 만들 수 있다.
입에 닿는 느낌이 부드럽고 크리미한 맛이 나면서도 산뜻하여 마시기 좋은 음료이다.

☑ ICE ☐ HOT

재료 1잔 분량

재스민차(P. 27·ICE) ⋯ 320g

레몬 소스(P. 41) ⋯ 80g

질소 가스* ⋯ 적당량

---

* 취급할 때 주의점 : 가스통 주변 2m에는
화기 엄금. 실외 사용 및 가게 밖으로 이동 금지.

만드는 방법 [ICE]

1 재스민차와 레몬 소스를 나이트로 서버의 탱크(P. 67)에 넣고(사진 ❶), 탱크의 뚜껑을 잠근다.

2 질소 가스통의 밸브를 열고 가스 조인트를 탱크의 가스 주입구에 끼워 넣고 충전한다(사진 ❷).

3 가스 소리가 멈추면 가스 조인트를 빼내고 밸브를 잠근다. 나이트로 서버의 탱크를 위아래로 흔든다.

4 탱크의 레버를 앞쪽으로 당겨 유리잔에 음료를 추출한다(사진 ❸).

말차 × 황설탕

나이트로 말차

말차를 끓이면 표면에 매끄러운 거품이 생겨 입에 닿는 순간 크림 같은 감촉과 부드러운 맛을 느낄 수 있다.
질소 가스를 첨가하여 음료를 만들면 끓인 말차와 비슷한 느낌의 음료가 완성된다.

재료 1잔 분량

뜨거운 물(75℃) ⋯ 450g

말차(맷돌로 갈아 만든 것)* ⋯ 45g

황설탕 ⋯ 90g

질소 가스 ⋯ 적당량

———————————————

* 33쪽 참조.

만드는 방법 [ICE]

1 용기에 뜨거운 물을 붓고 말차를 차 거름망에 내려 넣고 섞는다.
   5분간 그대로 둔다. 황설탕을 넣고 섞어서 녹인다.

2 얼음을 넣은 볼 위에 올려 식힌 다음 핸드 블렌더로 섞는다.

3 ②를 나이트로 서버의 탱크에 넣고 179쪽의 만드는 방법 ❷❸❹의
   순서대로 만들어 유리잔에 추출한다.

금훤우롱차 × 에스프레소 × 로즈메리 × 과일

커피 프루트 티

에스프레소는 여러 가지 향 성분을 가진 커피의 진액을 응축한 것이다. 에스프레소로 만드는 음료에는 그와 비슷한 향의 과일이나 견과류를 섞어야 맛의 균형이 잡힌다. 금목서를 닮은 향이 나는 금훤우롱차를 조합하고, 로즈메리를 악센트로 활용한 음료.

재료 1잔 분량

라즈베리 소스(P. 39) ⋯ 20g

얼음 ⋯ 적당량

라즈베리 ⋯ 8개

딸기 ⋯ 4개

포도(적, 청) ⋯ 4알씩

로즈메리 ⋯ 1줄기

금훤우롱차(P. 22·ICE) ⋯ 120g

레몬 소스(P. 41) ⋯ 10g

에스프레소 ⋯ 25g

만드는 방법 [ICE]

1 유리잔에 라즈베리 소스를 넣는다.

2 ①에 얼음을 넣고 라즈베리, 딸기, 포도, 로즈메리의 순서로 넣는다.

3 금훤우롱차와 레몬 소스를 섞어 ②에 붓고, 에스프레소를 가볍게 띄우듯 붓는다.

☑ ICE ☐ HOT

얼그레이 × 에스프레소 × 소금 밀크

소금 얼그레이 카페 라테

카페 라테에 감귤류인 베르가못 향의 얼그레이 시럽을 넣어 산뜻함을 더하고, 소금 밀크 폼을 올려 단맛을 끌어올렸다.
여러 가지 감각이 즐거워지는 음료이다.

ICE / HOT

재료 1잔 분량

얼그레이 시럽(P. 37) … 25g

얼음 … 적당량

우유 … 80g

에스프레소 … 25g

소금 밀크폼(P. 43) … 50g

만드는 방법 [ICE]

1 유리잔에 얼그레이 시럽과 얼음을 넣고 우유를 부은 후 에스프레소를 가볍게 띄우듯 붓는다.

2 ①에 소금 밀크폼을 가만히 올린다.

[HOT음료의 경우]

컵에 따뜻하게 데운 얼그레이 시럽과 우유를 붓고, 에스프레소를 붓는다.
소금 밀크 폼을 올린다.

말차 × 아마자케
아마자케 말차

누룩과 하얀 꽃, 멜론과 사과향이 나는 아마자케에 진한 말차를 조합했다.
아마자케의 단맛에 말차의 쌉싸래함을 더하면 맛이 부드러워져, 마시면 가벼운 느낌이 나는 음료가 된다.

재료 1잔 분량

얼음 ··· 적당량
아마자케 ··· 90g
말차 소스(P. 33) ··· 20g

만드는 방법 [ICE]

1 유리잔에 얼음과 아마자케를 넣고 말차 소스를 가볍게 띄우듯 붓는다.
 [HOT음료의 경우]
 아마자케와 말차 소스를 섞어 따뜻하게 데워 컵에 붓는다.

ICE
HOT

기문홍차 × 딸기 × 아마자케
딸기 아마자케 홍차

기문홍차 특유의 장미향을 살리고, 딸기와 아마자케가 가진 꽃향과 단맛을 합쳐 기분 좋은 풍미의 음료로 만들었다.
사랑스러운 색감까지 매력적이다.

ICE ☐ HOT

재료 1잔 분량

딸기(적) … 1개
딸기(백) … 2개
얼음 … 적당량
기문홍차(P. 24·ICE) … 60g
아마자케 … 60g
딸기 소스(P. 38) … 20g

만드는 방법 [ICE]

1 빨간 딸기와 하얀 딸기 1개는 각각 꼭지를 떼고 길이로 2등분 한다.
2 유리잔에 얼음과 ①을 번갈아 가며 넣고 기문홍차, 아마자케, 딸기 소스를
   부어 가볍게 섞는다.
3 유리잔 가장자리에 남은 하얀 딸기를 꽂아 장식한다.

동방미인차 × 파프리카 × 키위

파프리카 키위 동방미인

파프리카와 키위의 단맛에 잘 익은 머스캣(muscat)의 달콤한 향이 나는 동방미인차를 조합했다.
으깬 키위의 질감이 음료에 자연스러운 걸쭉함을 만들어, 마시면 부드러운 느낌을 준다.

재료 1잔 분량

동방미인차(P. 21·ICE) … 30g

키위 … 30g

백설탕 … 10g

파프리카 즙(커피 여과지에 거른 것) … 30g

키위(얇게 반달 썰기) … 3조각

얼음 … 적당량

만드는 방법 [ICE]

1 파프리카를 길이로 반 잘라 씨를 빼고 착즙기에 넣어 즙을 짠다.

2 커피 드리퍼에 커피 여과지를 깔고 용기 위에 올린다. ①을 부어서
걸러 30g의 즙을 준비한다.

3 셰이커에 껍질 벗긴 키위 30g과 백설탕을 넣고 머들러로 으깬다.

4 ③에 동방미인차, ②, 얼음을 넣고 흔들어 섞어 유리잔에 붓는다.
키위를 올려 장식한다.

ICE □ HOT

185

금횐우롱차 × 토마토 × 요구르트
토마토 요구르트 우롱차

착즙기로 방울토마토의 즙을 짠 다음 커피 여과지에 걸러 투명하게 만든 토마토 즙을 사용해 음료를 만들었다.
단맛을 살짝 더해 풍부한 과일 느낌을 갖도록 완성했다.

재료 1잔 분량

방울토마토즙(커피 여과지에 거른 것) … 20g
마시는 요구르트 … 40g
금횐우롱차(P. 22·ICE) … 40g
백설탕… 10g
얼음 … 적당량

만드는 방법 [ICE]

1 방울토마토의 꼭지를 떼고 착즙기에 넣어 즙을 짜, 185쪽의 만드는 방법 ②와 같은 방법으로 걸러 20g의 즙을 준비한다.
2 셰이커에 ①, 마시는 요구르트, 금횐우롱차, 백설탕을 넣고 가볍게 섞은 후 얼음을 넣고 흔들어 섞는다.
3 유리잔에 얼음을 넣고 ②를 붓는다.

ICE ☐ HOT

말차 × 안닌도후 × 두유
두유 안닌도후 말차

아몬드 향이 나는 매끄러운 식감의 안닌도후와 두유를 합쳤다.
말차의 산뜻한 향과 안닌도후의 부드러운 단맛으로 깔끔한 맛의 음료가 완성되었다.

재료 1잔 분량

안닌도후(P. 50) ··· 80g
얼음 ··· 적당량
말차 소스(P. 33) ··· 30g
두유 ··· 130g

만드는 방법 [ICE]

1 유리잔에 안닌도후를 넣고 얼음을 넣는다.
2 별도의 용기에 말차 소스와 두유를 넣고 섞어 ①에 붓는다.

재스민차 × 유자
유자 재스민

달콤한 꽃향이 나는 재스민 시럽과 유자 에스푸마를 조합했다. 감귤의 산뜻함과 신맛이 더해져 깔끔한 맛의 음료로 완성.

재료 1잔 분량

얼음 ⋯ 적당량
재스민 시럽(P. 37) ⋯ 30g
물 ⋯ 120g
유자 에스푸마(P. 45) ⋯ 20g

만드는 방법 [ICE]

1 유리잔에 얼음을 넣고 재스민 시럽과 물을 부어 섞는다.
2 ①의 위에 유자 에스푸마를 추출해 올린다.
  [HOT 음료의 경우]
  재스민 시럽과 물을 섞어 따뜻하게 데워 컵에 붓는다.
  유자 에스푸마를 추출해 올린다.

ICE
HOT

얼그레이 × 생강 × 레몬

얼그레이 진저 레모네이드

얼그레이 시럽과 레몬 소스를 섞어 단맛이 더욱 더 깊어졌다. 생강 에스푸마를 올려 짜릿한 매운맛이 악센트가 되는 음료.

재료 1잔 분량

레몬 소스(P. 41) … 20g

물 … 100g

얼그레이 시럽(P. 37) … 20g

얼음 … 적당량

생강 에스푸마(P. 45) … 20g

레몬 껍질(가늘게 채 썬다) … 약간

만드는 방법 [ICE]

1 용기에 레몬 소스와 물을 넣고 섞는다.

2 유리잔에 얼그레이 시럽, 얼음의 순서로 넣고 ①을 붓는다.

3 ② 위에 생강 에스푸마를 추출해 올리고, 레몬 껍질을 올려 장식한다.

[HOT 음료의 경우]

레몬 소스, 물, 얼그레이 시럽을 섞어 따뜻하게 데워 컵에 붓는다.

생강 에스푸마를 추출해 올리고 레몬 껍질로 장식한다.

ICE / HOT

얼그레이 × 오렌지 × 탄산수
오렌지 티 소다

오렌지와 닮은 감귤류의 향을 가진 얼그레이를 베이스로 사용한 음료이다.
단맛 속에 감귤의 상큼한 향이 느껴지고, 입속으로 퍼지는 탄산이 시원하게 목을 타고 내려간다.

재료 1잔 분량

오렌지 즙 … 50g

얼음 … 적당량

얼그레이 시럽(P. 37) … 20g

강탄산수 … 50g

오렌지(8등분 한 웨지 모양) … 1조각

만드는 방법 [ICE]

1 오렌지를 반으로 잘라 스퀴저로 즙을 짜 50g의 과즙을 준비한다.

2 유리잔에 얼음을 넣고 얼그레이 시럽과 ①을 부어 가볍게 섞는다.

3 ②에 강탄산수를 가만히 붓고 오렌지 조각을 올려 장식한다.

190

홍차 × 스파이스 × 우유

마살라 차이

스파이스와 우바를 끓여 만든 마살라 차이 시럽은 뜨거운 우유와 섞어도, 차가운 우유와 섞어도 향기롭고 맛있는 음료가 된다.
재료를 부어 섞기만 하면 바로 제공할 수 있는 간단한 조리법도 이 음료의 매력이다.

재료 1잔 분량

마살라 차이 시럽(P. 36) … 30g
우유 … 120g
잘게 부순 얼음 … 적당량

만드는 방법 [ICE]

1 유리잔에 모든 재료를 넣고 가볍게 섞는다.
   [HOT음료의 경우]
   마살라 차이 시럽과 우유를 섞어 따뜻하게 데워 컵에 붓는다.

Chapter

6

Alcohol & Tea

알코올과 차의 조합

간단한 알코올과 차 조합의 예로 우롱하이나 녹차하이[1]가 있습니다. 이런 츄하이[2]에 자주 사용하는 갑류소주[3]는 냄새가 없고 부드러운 것, 뒷맛이 강한 것, 단맛이 나는 것 등 여러 가지가 있는데 대체로 차와 잘 어울립니다.

보드카나 위스키 등의 증류주에는 진액이 쉽게 녹아 나오기 때문에 찻잎을 넣고 오랫동안 우려내면 차의 향과 맛이 밴 증류주를 만들 수 있습니다.

최근에는 허브나 향신료 등을 알코올에 우려낸 (Infused) 담금주도 등장했습니다. 인퓨즈(Infuse)는 물에 담그다, 우리다, 깊이 스며들게 하다(배어들게 하다) 등의 의미가 있어, 여러 바(Bar)에서 각자 새로운 스타일의 술을 만들어 독창적인 메뉴로 선보이고 있습니다.

이 책에서는 그 기법을 이용해 찻잎을 술에 우려낸 음료 베이스를 만들었습니다. 예를 들어, [백도우롱차를 우려낸 보드카]는 보드카에 백도우롱차의 찻잎을 넣고 우려낸 것입니다. 보드카는 맛과 향이 없어 모든 찻잎과 잘 어울립니다.

술에 부족한 요소를 차나 허브, 향신료로 보충하는 느낌으로 만든다면 알코올 차 음료는 쉽게 성공할 수 있을 것입니다.

---

[1] 소주 등의 증류주를 우롱차나 녹차로 희석한 저 알코올 음료.

[2] 원래는 소주 등의 증류주를 탄산수로 희석한 저 알코올 음료를 의미했으나 현재는 소주 대신 진, 보드카를 베이스로 하거나 탄산수 대신 여러 가지 음료(우롱차, 녹차, 탄산수+과일즙 등)로 희석한 음료까지 포함하는 넓은 의미로도 사용된다.

[3] 연속식 증류장치로 높은 도수의 원액을 만들어 이를 다시 물에 희석하여 만드는 것으로 우리나라에서 일반적으로 유통되는 소주와 비슷하다.

☑ ICE
☐ HOT

재스민차 × 매실주

재스민 매실주

꽃향과 쓴맛이 나는 재스민차와 과일 향이 나는 새콤달콤한 매실주가 절묘하게 균형을 이루는 알코올 음료.

재료 1잔 분량

재스민차(P. 27·ICE) … 60g

매실주 … 20g

얼음 … 적당량

만드는 방법 [ICE]

1 유리잔에 모든 재료를 넣고 섞는다.

옥로×진×토닉워터

옥로 진토닉

주니퍼 베리의 향이 아주 강한 진(Gin)인 킹즈버리 빅토리안 벳(Kingsbury Victorian Vat)은 진하게 감도는 해조류 향이 특징인 옥로와 잘 어울린다. 토닉워터가 모든 재료의 맛을 끌어내어 깊은 맛의 알코올 음료를 완성한다.

재료 1잔 분량

얼음 … 적당량
진(킹즈버리 빅토리안 벳) … 20g
옥로(P. 25·ICE) … 50g
토닉워터 … 70g
레몬 슬라이스 … 1장

만드는 방법 [ICE]

1 유리잔에 얼음을 넣고 진, 옥로, 토닉워터를 넣고 섞는다.
2 ①에 레몬 슬라이스를 올려 장식한다.

금훤우롱차 × 버번

버번 금훤 소다

짙은 바닐라와 캐러멜향, 서양배처럼 부드러운 과일향이 나는 와일드 터키(Wild Turkey)에 견과류 풍미의 금훤우롱차를
조합해 깊고 풍부한 향을 음미할 수 있는 알코올 음료로 만들었다.

☑ ICE ☐ HOT

재료 1잔 분량

얼음 … 적당량
금훤우롱차를 우려낸 버번* … 45g
강탄산수 … 130g
식용 거품 용액 … 적당량
참나무 훈연칩(훈제용) … 적당량

---

* 금훤우롱차(찻잎) … 10g
　와일드 터키(버번) … 100g
　만드는 방법은 아래 [찻잎을 알코올에 우려내는
　방법] 참고.

만드는 방법 [ICE]

1　유리잔에 얼음을 넣고 금훤우롱차를 우려낸 버번과 강탄산수를 부어
　　섞는다.
2　미니 스모커(소형 훈제기 P. 67)에 튜브를 연결해 끝부분에 버블용
　　커넥터를 단다. 커넥터에 식용 거품용액을 적시고, 스모커 윗부분에
　　참나무 훈연칩을 올려 칩에 불을 붙인다.
　　잠시 후 칩이 타면서 연기가 나고, 연기가 흘러나오면서 거품이 부
　　풀어 오른다(사진 ❶).
3　거품을 음료 위에 올린다(사진 ❷).
4　음료를 제공할 때 거품을 터트리면 연기가 흘러나와 특색 있는 연
　　출을 할 수 있다(사진 ❸).

[찻잎을 알코올에 우려내는 방법]

알코올에 향신료나 허브 등을 넣고 우려내는 기법을 [인퓨즈]라고 하는데, 이렇
게 우려내면 알코올에 향과 맛이 밴다. 재료에 있는 [금훤우롱차를 우려낸 버번]
은 버번에 금훤우롱차(찻잎)를 넣고 우려낸 것이다.

1　티백에 찻잎을 채워 넣는다.
2　밀폐용기에 ①과 알코올을 넣고 빛이 들지 않는 시원한 곳에서 하루 동안 재운다.

랍상소총 × 브랜디 × 사과 × 꿀

랍상소총 꿀 사과 브랜디

독특한 스모키 향이 나는 랍상소총은 사과와 잘 어울린다.
애플 브랜디 향이 나는 구운 사과 토핑은 음료에 시나몬 향과 단맛, 감칠맛을 더해 준다.

ICE □ HOT

재료 1잔 분량

얼음 … 적당량

물 … 120g

랍상소총을 우려낸 애플 브랜디*

… 30g

구운 사과 … 50g

꿀 … 5g

시나몬 파우더 … 약간

---

* 만드는 방법은 P.197 참조.
  랍상소총(찻잎) … 10g
  애플 브랜디 … 100g

만드는 방법 [ICE]

1 유리잔에 얼음과 물을 넣고 랍상소총을 우려낸 애플 브랜디를 가볍게 띄우듯 붓는다.

2 ①에 구운 사과를 가만히 올리고 꿀을 뿌린다.

3 시나몬 파우더를 뿌려 마무리한다.

[구운 사과]

사과, 버터, 백설탕, 시나몬 스틱 각각 적당량씩

1 사과는 껍질을 벗겨 길이로 여러 등분해 다시 한입 크기로 썬다.

2 프라이팬에 버터를 넣고 반 정도 녹으면 사과와 시나몬 스틱을 넣는다.

3 사과가 타지 않게 뒤집어 가며 양면을 구워 부드러워지면 백설탕을 넣고(분량은 기호에 따라) 캐러멜라이징 한다.

• 평균 사용 기한은 냉장보관 하면 1~2일.

리치우롱차 × 재스민차 × 자몽 × 소금

솔티 리치 자몽 티

리치의 화사한 향과 자몽의 신맛은 뛰어난 궁합을 자랑한다. 리치우롱차와 재스민차를 조합해 과일향에 꽃향을 더한
음료로 만들었다. 핑크솔트가 과일의 단맛을 돋보이게 한다.

재료 1잔 분량

자몽즙 ⋯ 120g

레몬 슬라이스 ⋯ 1조각

핑크 솔트 ⋯ 약간

얼음 ⋯ 적당량

리치 소스(P. 38) ⋯ 30g

리치우롱차와 재스민차를 우려낸
보드카* ⋯ 30g

──────────────

* 만드는 방법은 P.197 참조.
　리치우롱차 (찻잎) ⋯ 5g
　재스민차 (찻잎) ⋯ 5g
　보드카 ⋯ 100g

만드는 방법 [ICE]

1　자몽을 반으로 잘라 스퀴저로 즙을 짜 120g의 과즙을 준비한다.

2　유리잔 가장 자리를 레몬으로 문질러 즙을 바르고 핑크 솔트를 묻힌다(P. 61).

3　②의 유리잔에 얼음을 넣고 ①과 리치 소스를 부어 가볍게 섞는다.
　리치우롱차와 재스민차를 우려낸 보드카를 가볍게 띄우듯 붓는다.

ICE

HOT

200

백도우롱차 × 보드카 × 오렌지 × 복숭아

퍼지 네이블 티

퍼지 네이블(Fuzzy navel)은 '애매한 오렌지'라는 의미의 칵테일이다. 백도우롱차의 복숭아 향과 오렌지의 신맛이 어울려 기분 좋게 맛을 끌어 올린다. 과일 느낌이 물씬 나는 오렌지 아이스티를 응용한 음료이다.

재료 1잔 분량

오렌지 즙 … 100g

복숭아소스 (P. 38) … 30g

얼음 … 적당량

백도우롱차를 우려낸 보드카* … 20g

---

* 만드는 방법은 P.197 참조.
  백도우롱차(찻잎) … 10g
  보드카 … 100g

만드는 방법 [ICE]

1 오렌지를 반으로 잘라 스퀴저로 즙을 짜 100g의 과즙을 준비한다.

2 유리잔에 피치 소스, 얼음을 넣고 ①을 붓는다. 백도우롱차를 우려 낸 보드카를 가볍게 띄우듯 붓는다.

☑ ICE ☐ HOT

☑ ICE ☐ HOT

얼그레이 × 보드카 × 토마토

티 스타일 블러디 메리

인기 많은 칵테일인 블러디 메리. 베르가못 향의 얼그레이에 토마토를 조합하고, 악센트로 셀러리를 더했다.
베이컨 빨대는 음료를 다 마신 후에 먹어도 좋다.

재료 1잔 분량

얼음 … 적당량
토마토즙 … 210g
얼그레이를 우려낸 보드카*1 … 40g
레몬즙 … 10g
검은 후추 … 약간
타바스코 … 1방울
리앤페린스(Lea&Perrins) 우스터 소스*2 … 1g
베이컨 빨대 … 2개
셀러리 잎 … 적당량
말린 레몬 슬라이스 … 2조각

---

* 만드는 방법은 P.197 참조.
*1 얼그레이(찻잎) … 10g
　보드카 … 100g
*2 우스터 소스의 출발점이라고도 불리우는 영국의 소스.

만드는 방법 [ICE]

1 유리잔에 얼음을 넣고 토마토즙, 얼그레이를 우려낸 보드카,
　레몬즙을 부어 가볍게 섞는다.
2 ①에 검은 후추, 타바스코, 우스터 소스를 넣고 베이컨 빨대,
　셀러리 잎, 말린 레몬으로 장식해 완성한다.

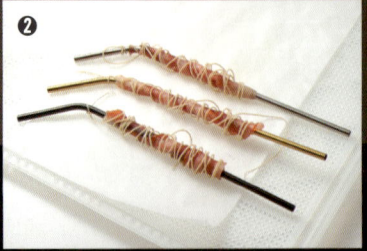

[베이컨 빨대]

1 금속 빨대 한 쪽 끝에 조리용 실을 매어 고정시킨다.
2 베이컨을 돌돌 둘러 감으면서 조리용 실로 베이컨을 감아
　맨다(사진 ❶).
3 식품 건조기에 넣고 40℃에서 하루 동안 수분을 날려 건조
　시킨다. 건조가 완료되면 실을 풀고 빨대에서 베이컨을 떼어
　낸다(사진 ❷).
• 평균 사용 기한은 밀폐용기에 식품 건조제와 같이 넣고 상
　온 보관하면 일주일 이내.

개업에 대해서

2019년 일본에서는 타피오카 밀크티 가게의 개업 러시가 계속되어 중국과 대만에서 인기를 얻은 가게도 일본에 잇따라 문을 열었습니다. 가게마다 여러 가지 스타일이 있는데 개인이 운영하는 곳부터 기업이 운영하는 곳, 정통 카페, TOGO(테이크 아웃) 전문점, 먹을 수 있는 공간이 마련된 대형 매장까지 종류가 다양합니다.

🍃 가게 스타일 결정하기

어떤 스타일의 가게를 할 지 결정하는 방법은 사실은 아주 간단합니다. [하고 싶은 것을 생각하고 장소를 고른다] 이거나 [특정 장소에서 하고 싶은 것을 고른다]입니다. 하고 싶은 것이 있다면 그에 맞추어 위치를 찾습니다.

예를 들어, 정통파 카페를 목표로 한다면 대로에서 한 발짝 떨어진 골목에 가게를 냅니다. 그러면 '일부러 찾아가는 행위'가 브랜드를 만듭니다. 이런 가게는 입소문이 중요합니다. 고객이 지나가다 우연히 가게를 발견할 확률이 낮기 때문에, 그 가게에 가고 싶은 무언가가 SNS로 소문이 나면 고객 유치로 연결됩니다. 다른 가게에는 없는 세일즈 포인트, 가성비, 누군가에게 이야기 하고 싶어지는 그 가게만의 독창성(오리지널리티)이 중요합니다.

반대로 체인점 형태의, 누구라도 운영할 수 있는 매뉴얼화 된 가게를 운영하고 싶다면 지하철 역 앞이나 대로변 등 유동인구가 많은 장소를 선택합니다. 스타일보다 편의성이 중요하기

때문입니다. 간판도 아주 중요합니다. 유동인구가 많은 장소에 가게를 내고, 어떻게 가게를 알릴 것인지가 아주 중요하기 때문입니다. 또, 이런 위치는 임대료가 비싸기 때문에 객석 회전율이 높은 방식으로 운영하는 것이 바람직합니다. 어떤 것을 너무 고집해서 객석 회전율이 낮아지는, '고객은 오지만 이익은 나지 않는' 상황이 되지 않도록 주의해야 합니다.

장소부터 선택한 경우라면 그 장소에 맞는 가게를 만듭니다. 대로변, 지하철역 앞, 대학가, 2층, 지하 1층, 상업시설(백화점, 대형 마트 등)등 다양한 장소가 있지만, 같은 조건이라도 지역이 다르면 고객층도 달라집니다. 이런 장소를 조사해 [어떤 고객이 이용하는가] [다른 지역에서 온 고객을 유치하기에 좋은 환경인가]를 연구하는 것이 중요합니다.

[하고 싶은 것]과 [장소]는 가게를 구성하는 뼈대의 절반을 만든다고 해도 과언이 아닙니다.

🌳 설비 사이즈와 전압은 미리 확인하자

장소 후보를 정했다면 시설 공사를 할 수 있을 지의 여부를 검토합니다. 가게의 내용에 따라 필요한 설비와 기계가 생깁니다. 설비는 매상과 직결되기 때문에 가장 중요한 투자입니다. 여기서 중요한 점은 매상을 최대치로 올리기 위한 설비와 기계의 크기를 생각하는 것입니다.

최소한의 매상을 기준으로 크기를 정하면 매상을 내고 싶어도 낼 수 없게 되어버리기 때문입니다. 설비와 기계를 정했으

면 크기와 전력량이 충분한지를 조사합니다. 가스 시설이 없으면 전기에 의존해야 하기 때문에 TO GO(테이크 아웃) 전문의 차음료 가게라도 150A(암페어)는 사용합니다.

'작은 가게를 발견해, 바로 계약하고 실내디자인이 끝나 설비와 기계 공사를 할 타이밍에서 전압이 부족한 것을 깨닫는' 이런 일은 흔히 있습니다. 모처럼 가게를 개업하는 것이라면, 어느 정도의 설비를 생각하는 편이 좋을지도 모릅니다. 만약 장소를 우선으로 생각한다면 그 장소에 대해서 할 수 있는 것을 생각하는 편이 좋을 것입니다.

장소, 내용, 설비를 정했으면 실내디자인을 할 차례입니다. 내용과 설비까지 정했기 때문에 디자이너가 순조롭게 제안해 줄 수 있을 거라고 생각합니다. 단골고객이 많을 것으로 예상되는 지역이라면 심플하게, 사용하기 쉬운 공간으로 만들어야 합니다. 반대로 우연히 들르는, 처음 오는 손님이 많을 것으로 생각되는 장소라면 디자인을 강조한 가게로 해도 좋을 것입니다. 그렇게 하면 고객들이 사진을 찍어 SNS에 올릴 가능성이 높아집니다. 단, 디자인은 시대의 흐름을 따르므로, 지나치게 화려하면 몇 년 후에는 시대에 뒤떨어진다는 느낌을 줄 수도 있으니 주의가 필요합니다.

🌳 가게 디자인에서 중요한 점

디자인을 하는데 가장 필요한 것은 스트레스를 느끼지 않는 가게 만들기입니다. 이것은 고객은 물론이고 가게의 스태프에게도 해당됩니다.

예를 들어, 화장실은 [가장 청결하게 한다]는 규칙을 가진 가게가 아주 많습니다. 혼자가 될 수 있는 공간이자 긴장을 풀 수 있는 장소이기 때문에 자연스럽게 여러 가지가 눈에 띄게 되어버립니다. 따라서 조금이라도 지저분하면 민감하게 눈에 띄어 조금씩 스트레스가 쌓입니다. 작은 스트레스가 쌓이면 왠지 참기 힘들어져 불만을 제기하지 않으면 안 되는 가게가 됩니다.

가게에서의 동선도 아주 중요합니다. 고객의 동선을 왼쪽으로 돌게 하면 스트레스를 잘 느끼지 않게 됩니다. 그 이유는 '심장이 몸의 중심보다 왼쪽에 있어 보호하기 위해 왼쪽으로 돈다, 원심력에 의해 심장에 부담이 가지 않는 것이 왼쪽으로 도는 것이기 때문'이라는 등 여러 가지 설이 있지만, 가게 측도 고객이 들어와서 나갈 때까지의 흐름이 왼쪽으로 돌도록 설계하면 스트레스가 잘 쌓이지 않는다고 합니다.

실제로 편의점이나 슈퍼마켓의 대부분은 왼쪽으로 돌도록 설계되어 있고, 학교 운동장이나 육상 경기장도 왼쪽으로 뛰도록 되어 있습니다. 아주 붐비는 디즈니랜드 등은 일부러 반대쪽으로 돌고 싶어지게 설계해서, 양쪽에서 모두 돌 수 있도록 동선을 만들어 혼잡을 완화하고 있다고 합니다.

장소, 내용, 설비, 실내디자인을 정했으면 다음은 메뉴를 개발하고, 스태프를 교육시켜, 드디어 오픈입니다!

포장 용기에 대해서

포장 용기는 음료 판매에서 빠질 수 없는 중요한 요소입니다. 포장 용기가 있으면 음료의 [테이크 아웃 TAKE OUT]이 가능합니다. 그에 따른 장점은 아주 많지만 주요한 것은 다음과 같습니다.

> **장점 ①** 좁은 공간에서도 개업이 가능하고 인건비를 절약할 수 있다.
> **장점 ②** 가게의 좌석 수 이상의 주문을 받을 수 있어 매출 향상으로 이어진다.
> **장점 ③** 포장 용기의 디자인으로 가게의 개성을 드러낼 수 있어 광고 효과가 있다. 인스타그램 등의 SNS를 통해 고객 유치로 이어질 가능성도 있다.

중국에서는 최근 포크가 붙어 있는 컵 뚜껑이 출시되었는데, 선전(深圳, 심천)의 차 음료 가게에서는 'FRUITS IN TEA (차茶 속에 들어있는 과일)'라는 콘셉트로 큼직하게 자른 과일을 넣은, '마시면서 먹는' 음료에 재빠르게 사용되고 있습니다. 포장 재료의 진화와 함께 마시기만 하는 음료에서 '마시면서 먹는' 스타일로 바뀌어가고 있습니다.

🍃 리드(Lid, 뚜껑)

플라스틱 컵의 뚜껑을 말하는 것으로 평평한 것과 돔 형태의 것이 있다. 타피오카 밀크티 가게에서는 자동 컵 실링기를 사용해 밀봉하는 것이 대부분이다. 실링기로 밀봉하면 테이크 아웃이나 배달용으로 사용해도 음료가 흘러 넘치거나 새지 않는다. 밀봉한 비닐 뚜껑에 가게의 로고를 넣으면 광고 효과가 있지만 음료의 장식은 잘 보이지 않게 된다.

→ 평평한 뚜껑은 다양하게 사용할 수 있지만 휘핑 크림처럼 토핑이 컵의 가장자리보다 위로 올라올 경우에는 뚜껑을 덮을 수 없어 테이크 아웃용으로는 적합하지 않다. 이럴 때 사용하는 것이 돔 형태의 뚜껑이다.

→ 지름의 크기가 같은 것을 구입하면 음료에 따라 바꿀 수 있다. 가게의 스타일과 메뉴에 따라 뚜껑을 선택하면 된다.

🍃 컵

TO GO(테이크 아웃) 스타일에 적합한 플라스틱 재질의 컵. 360ml, 500ml, 700ml의 2~3종류 사이즈로 구분되며 만드는 회사에 따라 용량이 다양하다. 여러 가지 형태의 컵을 갖추면 재고 관리가 어려우므로 어떤 것을 판매할지 정하고 선택한다.

➜ 과일을 사용한 음료나 산뜻한 음료는 길쭉한 컵이 사용하기 편리하다. 크림을 사용한 스위츠(디저트)류의 음료는 가로폭이 넓은 컵을 사용해야 겉에서 보아도 쉽게 내용물을 알 수 있고, 토핑도 모양 내어 올리기 편리하다. 타피오카 음료도 가로폭이 넓은 컵이 적합하다.

➜ 가게의 로고는 컵에 인쇄하거나 스티커를 제작해서 붙인다. 인쇄할 경우 한 번에 가능한 최소 주문 수량이 많으므로 재고량이 많아지게 된다. 스티커의 경우 여러 가지 형태의 컵에 사용할 수 있어 편리하지만 스티커를 붙이는 작업이 추가되어 품이 많이 든다.

➜ 플라스틱 컵의 내열 온도는 만드는 회사에 따라 다르다. 뜨거운 액체를 넣어도 견딜 수 있는 컵이 있지만 가격이 비싸다. 뜨거운 음료는 한 가지 색으로 완성되어 수수한 느낌이 들고, 뜨겁기 때문에 고객이 손으로 잡기 좋도록 슬리브를 부착하는 경우가 많다. 따라서 투명한 플라스틱 컵에 넣어도 음료가 보이지 않게 되므로 종이컵을 사용하는 경우가 많다.

🍃 돌려서 뚜껑을 여는 병 & 알루미늄 뚜껑이 달린 플라스틱 병

착즙 주스 가게에서 자주 사용하는 뚜껑 달린 병 종류는 형태 변화가 없는 음료나 얼음을 넣지 않은 음료에 적합하다. 가게의 냉장 쇼케이스에 넣어 두고 디스플레이용으로도 사용할 수 있다. 미리 준비해 두는 음료에 사용하는 경우가 많다. 병 자체의 가격이 비싸기 때문에 즉석에서 만드는 음료에는 그다지 사용하지 않는다.

🍃 빨대

플라스틱 재질의 빨대가 대부분이었는데, 현재는 환경파괴로 이어지기 때문에 사용을 금지하는 나라도 있다. 그래서 만들어진 것이 종이나 대나무, 금속 재질의 빨대이다.

종이 재질은 TO GO 스타일에 적합하지만 오랜 시간 액체에 들어 있으면 종이가 불어 녹으므로 사용할 수 없게 된다. 대나무나 금속 재질은 가격이 비싸 개인이 구입해 '나만의 빨대'로 사용하는 것이 요즘의 추세이다.

TEA DRINK NO HASSO TO KUMITATE

by Yasuhiro Katakura, Minako Tanaka

[이 책을 만들 때 도움주신 곳 (일본 현지 기업)]

⊙HUROM주식회사

착즙기 HW프로페셔널 스마트 호퍼 P. 64

https://huromjapan.com

⊙주식회사 엔터렉스(ENTEREX INC.)

바이타믹(Vitamix)의 블렌더 A2500i P. 66

https://www.vita-mix.jp

⊙나카자와 유업주식회사

생크림, 우유, 요구르트

http://www.nakazawa.co.jp

⊙주식회사 카쿠니 차토

일본차 찻잎

https://chato.co.jp

⊙니치후츠상사주식회사

브아롱(boiron)의 냉동 과일 퓌레

https://www.nichifutsu.co.jp

⊙주식회사 타치바나 상점 도쿄 지점

피리미어(Premier)의 초콜릿 리파이너 P. 65

http://team-cacao.com

⊙주식회사 마루이 물산

타피오카, 고구마 타피오카, 백도우롱차 찻잎

https://www.foodboat.co.jp

⊙주식회사 티쥬

아삼, 다즐링, 얼그레이 찻잎

http://www.teej.co.jp

⊙토호 아세틸렌 주식회사

나이트로 서버 P. 67, 에스푸마 P. 67

http://www.toho-ace.co.jp

[이 책에 참여한 분들 (일본 원서)]

촬영 야마야 가쿠(안 포토)
디자인 사토 아키라
편집 미야와키 토코, 토가와 마사코

차로 만드는 카페 음료

CAFE TEA DRINKS

펴낸 날 초판 1쇄 2021년 6월 10일

지은이 향음가(가타쿠라 야스히로, 다나카 미나코)
옮긴이 백현숙
펴낸이 김민경

편집 아요(pan.n.pen)
디자인 임재경(another design)
인쇄 도담프린팅
종이 영지페이퍼

펴낸곳 팬앤펜(PAN n PEN)
출판등록 제307-2017-17호
주소 서울 성북구 삼양로 43 IS빌딩 201호
전자우편 panpenpub@gmail.com
전화 02-6384-3141
팩스 0507-090-5303

온라인 에디터 조순진
블로그 blog.naver.com/pan-pen
인스타그램 @pan_n_pen

편집저작권ⓒ팬앤펜, 2021

ISBN 979-11-965125-9-0 13590
값 22,000원